スクールカウンセラーのための

主張と交渉のスキル
多職種連携の壁を乗り越える

諸富祥彦 [監修]
佐藤由佳利・清水有希・益子洋人・松岡靖子 [編]

金子書房

はじめに

　この本は，スクールカウンセラーの業務を行う上で必須のスキルについてお伝えする本です。
　それは，「主張」と「交渉」「伝えて」「説明して」「わかってもらって」「お願いする」スキルです。これらのスキルがなければ，スクールカウンセラーとして生き残っていくことは，とうてい，できはしないのです。
　心理学科には「将来，スクールカウンセラーになりたいです」などといって入学してくる学生さんがいます。そこでイメージされているのは，カウンセリングルームにやってきて「もう死にたいです」「消えたいです」「親にわかってもらえなくて」と泣きながら言っている，場合によってはリストカットをしている思春期の子どもたちの悩みをやさしく聴いていく，「それは，つらかったね」と受け止めていく——そんなスクールカウンセラーです。
　たしかに，これもスクールカウンセラーの重要な一面です。ロジャーズ派のカウンセラーである私も「聴く」ことの大切さは誰よりもわかっているつもりです。
　しかし，これだけでは，とうていスクールカウンセラーの業務はできません。まず，「何が（どこからどこまでが）スクールカウンセラーの仕事か」理解しているスタッフが少ないのです。「これが私の（スクールカウンセラーの）仕事です」「これは違います」と伝えていくことから始めなくてはならないのです。
　ほかにも，スクールカウンセラーの仕事には，「伝えていかなくてはならないこと」「わかってもらうために闘わなくてはならないこと」「安全な相談環境をつくるためにお願いしなくてはならないこと」がたくさん！
　むしろ，そうした場面でこそ「闘っている」スクールカウンセラーは少なくありません。
　本書は，スクールカウンセラーの仕事のそうした側面に焦点を当てました。

読み進めるうちに「そうだよ，そうだよ」「あるある」と共感したり，「へー，この人は，そんなふうにしてるんだー」とヒントを得ていただけるところがたくさんあるはず！
　「スクールカウンセラーをするんだったら，この本は読んでおきたいよね」と言ってもらえる，そんな本にしたつもりです。みなさんのお役に立てれば幸いです。

　2024年5月

諸富祥彦

もくじ

はじめに 1

序章 スクールカウンセラーはタフでなければやっていけない
諸富祥彦 6
1　「チーム」が動き始めるダイナミックさ 6
2　スクールカウンセラーは「人間関係のプロ」でなければやっていけない 7
3　まずは「わかりあえる仲間」づくりから 10

第1章 すれ違いばかりのスクールカウンセラーの毎日
スクールカウンセラーはわかってもらえないことばかり
清水有希 12
1　はじめに 12
2　スクールカウンセラーの雇用形態について 13
3　スクールカウンセラーの活動内容と困りごとの実際 14
4　まとめ 25

第2章 対人葛藤（もめごと）理論には連携・協働のコツがある！
益子洋人 30
1　はじめに 30
2　対人葛藤解決における望ましい方略
　　──統合的解決と統合的葛藤解決スキル 33
3　統合的葛藤解決スキルを活用した交渉の活用例 35

第3章 連携・協働に活かす解決志向アプローチ
黒沢幸子 48
1　どうするスクールカウンセラーの連携・協働？ 48
2　解決志向アプローチは連携・協働の実践モデル 49

3　連携・協働に生きる解決志向アプローチの骨格 …………………………… 52
　4　巻き込まれず賢く応えて連携・協働 …………………………………………… 54
　5　連携・協働に活かす解決志向の技 ……………………………………………… 58

第4章　チーム学校の一員としての主張と交渉のスキル

水野治久 …………………………………………………………………………………………… 68

　1　チーム学校 ………………………………………………………………………………… 68
　2　事例から学ぶスクールカウンセラーの主張と交渉 …………………… 72
　3　【事例1】教室で特別なニーズがある小学校児童 ……………………… 73
　4　【事例2】虐待被害を疑う中学校生徒 ……………………………………… 75
　5　【事例3】医療的ケアを受ける高校生 ……………………………………… 78
　6　チーム学校のためのスクールカウンセラーの主張と交渉 ………… 82

第5章　困ったことが起きたときの主張と交渉

半田一郎 …………………………………………………………………………………………… 88

　1　スクールカウンセラーにとって困ったこととは ……………………… 88
　2　多くのスクールカウンセラーがストレスを抱えている ……………… 89
　3　困ったときは相談をすることが第一歩 ……………………………………… 90
　4　スクールカウンセラー仲間の重要性 ………………………………………… 91
　5　主張と交渉に活かす心理職の専門性 ………………………………………… 92
　6　事例から考える困ったときの主張と交渉 ………………………………… 98
　7　最後に ……………………………………………………………………………………… 101

第6章　学校緊急支援に必要な　スクールカウンセラーのスキル

提案・主張と交渉に焦点を当てて

窪田由紀 ………………………………………………………………………………………… 104

　1　学校コミュニティの危機 …………………………………………………………… 104
　2　学校緊急支援とは ……………………………………………………………………… 107
　3　学校緊急支援活動の特徴 …………………………………………………………… 112
　4　学校緊急支援活動に必要な提案，主張と交渉のスキル ……………… 114
　5　まとめ ……………………………………………………………………………………… 120

第7章 伝える，つなぐ，対話するスクールカウンセラーになるには

佐藤由佳利 ……………………………………………………………… 124

1　スクールカウンセラーは一日にしてならず ……………………… 124
2　カウンセラーは人と人との間に橋をかける ……………………… 125
3　スクールカウンセラーとして育つということ …………………… 133
4　これからのスクールカウンセラー ………………………………… 138

第8章 毎日いると大変？
常勤スクールカウンセラーをめぐる課題と可能性

松岡靖子・阪口裕樹 …………………………………………………… 146

1　常勤スクールカウンセラーとは …………………………………… 146
2　公立の常勤スクールカウンセラー
　　──名古屋市のなごや子ども応援委員会 ……………………… 148
3　私学の常勤スクールカウンセラー ………………………………… 159
4　まとめ──常勤スクールカウンセラーの今後に向けて ………… 164

📢 コラム

【スクールカウンセラーの一工夫】
1　子どもとの響きあう関係　衛藤真友乃 ………………………………… 28
2　異文化を理解するスクールカウンセラー　松丸未来 ………………… 46
3　攻めと守りのバランス
　　──介入するとき，踏みとどまるとき。機を見て動く　上土井睦美 ……… 66

【こんなスクールカウンセラーがうれしい】
4　管理職の立場から　白厩郁子 …………………………………………… 84
5　教育相談コーディネーター・相談室担当教諭の立場から　森田十八 …… 86
6　養護教諭の立場から　山角亜沙美 ……………………………………… 102

【スクールカウンセラーのとっておきのコツ】
7　こころの授業で学校を変える，クラスを変える　ぱんだ先生（太田滋春）…… 122
8　気づきの"触媒"としてのスクールカウンセラー　村松康太郎 ……… 144
9　教職員との関係づくり　前澤眞澄 ……………………………………… 168

おわりに ……………………………………………………………………… 170
監修者・編者紹介 …………………………………………………………… 174
執筆者一覧 …………………………………………………………………… 175

序章 スクールカウンセラーは タフでなければやっていけない

諸富祥彦

\1/ 「チーム」が動き始めるダイナミックさ

　スクールカウンセラーは，タフでなければやっていけません。
　なかなか，たいへんなことが多い仕事です。
　もしこの言葉を読んで「そうかな？」と思ったあなたは，ちょっと楽しすぎているか，これまで運がよかっただけかもしれません。
　では，何がたいへんか。たとえば，大学附属の心理センターに勤務してケースを淡々とやっていく場合と，スクールカウンセラーとしてはたらく場合とをくらべて，何がたいへんか。
　一言でいえば，「人間関係」です。
　子どもとの関係，保護者との関係はもちろんのこと，学級担任との関係，教育相談コーディネーターとの関係，生徒指導担当との関係，養護教諭との関係，管理職との関係，外部の専門機関との関係など，挙げればキリがありません。
　「人間関係」をタフにやっていく，という勇気と覚悟。
　これがなければ「スクールカウンセラーなんか，やるんじゃなかった。もっとしっかりした面接構造がある場所ではたらけばよかった……」となってしまいます。しかし逆に，そこを切り抜けると，ものすごく面白い展開が待っています。
　専門機関の面接室という「密室」でカウンセリングやコンサルテーションを行っていて，限界を感じ，歯がゆい思いをしたことがあると思います。
　「この子の担任と話ができれば，どんなにいいか」
　「この子が心を開いているのは，養護教諭の人らしい。直接会って，連携

できれば,いろいろ,できるのになぁ」

「F先生おしいなぁ。もう少し関わりを変えれば,この子にとってすごくいいのに。もったいない」

私もかつて,その当時勤務していた千葉大学の教育相談研究センターで相談を受けているときに,そんな気持ちになったことが何度もありました。

いくら地域に根差した大学の教育学部附属のセンターの相談室であっても,やはり,学校現場から見れば,敷居が高いものです。

しかしその後,スクールカウンセラーになってみると,これが全部できてしまうのです!

しかも,同じ会議に,担任も,養護教諭も,生徒指導担当も出席していて,こちらが,「この子に今,必要なのは○○です」とお伝えすると,いっせいに理解してもらって,「チーム全体」で動いていく。この子にとっての「問題」そのものであった,「生活の場」自体が変化していく。

「教師が中心となった学校スタッフのチーム全体が動き始めると,すごい! どんどんいろいろな関わりができる! いろいろなことが起きてくる! これは,カウンセラー一人が大学附属の心理センターで会っているだけでは,とてもかなわない。なんてダイナミックなんだ」

教員チームが「意思を持ったひとつの生き物」のように動き始めたときの,あのダイナミックさ。それが,私が,学校臨床の魅力に取りつかれ,スクールカウンセラーをしている理由でもあります。

\2/ スクールカウンセラーは「人間関係のプロ」でなければやっていけない

深い心理面接が好きで,それを開業でやっているなら,それだけやっていればいいじゃない,と思う方もいるかもしれません。

しかし,さまざまな「人間関係の難しさ」がいっぱいの学校という臨床の場も,ほかでは味わえない面白さがたくさんあるのです。

スクールカウンセラーがたいへんなのはなぜか。「人間関係がたいへんだ」と言いました。

しかし，この「人間関係の難しさ」こそが臨床の技のみせどころであり，学校臨床の面白さでもあるのです。
　スクールカウンセラーとして，ある学校に勤務することになったときに，まず最初に行うのは，その学校スタッフの人間関係の見定め，特に，教育相談関係の人間関係の見定めでしょう。
　学校教育相談には，いわば「表の教育相談」と，「裏の教育相談」があります。「表の教育相談」は，教育相談コーディネーターがいて，不登校対策教員がいて，養護教諭がいて，各学年の教育相談担当者がいて，その学年で支援を要する子どもの存在を共有していて，教育相談部会で全体に共有し，支援の方向性を探っていく。そういった学校の組織や校務分掌に沿った活動です。「裏の教育相談」は，そうした組織や校務分掌に関わりなく，日々，児童生徒が悩みを抱え，それに教師が関わっていく，そうした日常的な営みの中で行われていく教育相談です。なぜこれが「裏」なのか。学校によっては，「表の教育相談」が形骸化し，「一応やっとく」的な形ばかりのものになってしまっていて，それとは無関係に個々の教師が結局は個々の経験論によって好き勝手に関わっていく。その方向性が「表」の教育相談と一致していないばかりか，逆行しているように見える場合も，しばしばあるからです。
　そのねじれが一番現れやすい場のひとつが，「別室登校」をめぐる立ち振る舞いです。今では，「表の教育相談」ではすっかり市民権を得て認められているはずの「別室登校」。子どもたちが学び成長するのは，必ずしも教室においてばかりではないこと，学びの場の多様性を尊重すべきことは，「表」では全学校スタッフの常識になっているはずです。
　しかし今でも，「別室」の利用をこころよく思っていない教師がたくさんいます。学校に来ることはできているのに，教室に入らずに「別室」ですごすのは，やはり「甘え」であるとしか考えられず，それを受け入れる「別室」などというものがあるからこそ，子どもたちの甘えは助長し，ダメになっていくのだ，という考えでいるのです。
　スクールカウンセラーの前であっても，ギョッとするような言葉を子どもにかける先生もいます。
　「少し，根性出して，教室に来ようよ。ここまで来れたら絶対に教室まで

行けるよ。みんな待ってるよ！」

　これはましなほうで，中には，露骨に，こころない言葉をかける教師もいます。

　「学校っていうのは，教室で勉強する子のためにあるんだよ。教室に入ることができないんだったら，学校に来なくていいよ！」

　ずしっと重たいこころとからだを引きずって，何とか，別室に週に2回通っている子たちにとって，この言葉は「あなたの頑張りなんて価値がない。そんなの意味ないから」と全否定されたようなものです。またその子を支援している多くのスタッフの努力も全否定されたようなもの。正直，私も，ムカッときます。

　しかし，ここで，その苛立ちをコントロールできず，「それはないでしょ。先生！」と食ってかかるようでは，スクールカウンセラーは務まりません。正面切って対立してしまうと，その教師はますます今の気持ちを増幅させてしまい，教育相談的なすべてのものを「だからダメなんだ」と糾弾するようになるのがオチだからです。また今後も，その先生の学級の生徒のカウンセリングをすることも出てくるでしょう。ここで「関係決裂」となってしまって，よいことは何もないのです。

　このようなときは，短時間の瞑想をして，その先生と自分の「少し似ているところ」を見つけましょう。不登校の子どもに何が必要か。この点の考えは，もちろん，違います。しかし，その先生なりに「その子の将来を思って，よかれと思うことをしようとしている」点，「自分の思いにストレートに従う」点などは，その先生と自分の共通点です。

　「いやあ，先生も情熱的な方ですね」などと声をかけて，その先生なりにその生徒のことを思って関わっている点を認めましょう。その上で，別室利用している生徒の予後がよいこと，18歳時点では別室利用していた生徒の大半が社会に適応的に過ごしていることなどを（自分の「思い」ではなく）「データ」で伝えてみるという方法を取るなど，作戦を立ててみましょう。けっして「説得」「論破」しようとしないようにしましょう。

　いずれにせよ，「つなげるプロ」であるスクールカウンセラーは，学校のどのスタッフともうまく関係をつくっておくのが理想です。たとえ相手が，

「自分と対立する敵」のように見えていたとしてもです。そこでグッと我慢してつくっておいた関係が，いずれ子どもの支援に役に立つこともしばしばあるからです。「最大の敵」に見えていた人が，ちょっとしたきっかけで「大きな味方」になってくれることも少なくありません。スクールカウンセラーは，人間関係のプロフェッショナルでなくてはならないのです。

\3/ まずは「わかりあえる仲間」づくりから

　2024年のこの時代になっても，教育相談的なものに必ずしも好意的ではない学校スタッフはたくさんいます。いくら「いや，文科省はこう言っている」「新しい生徒指導提要によれば」などとふりかざしてみても始まりません。

　いじめにあい不登校になっている生徒がいても，「あの子にも悪いところ，改めるべきところがある」という思いが先に立って，指導的な関わりしかできない教師も少なくありません。これではその子はますます学校に来られなくなり，高校であれば辞めてしまいます。

　もしあなたの勤務校で，そのような「指導」派の教師が主流派だったとしたら……。あなたは，「この学校は"敵"ばかり。とてもかなわないよ」，そう思って，こころが折れそうになってしまうかもしれません。けれど，もしそうだとしても，いやそうだったとしたらなおのこと，諦めてはいけません。

　「もっと生徒にケアが必要だ」と思っているスタッフが，あなたのまわりに何人か，必ずいるはずです。まず「わかりあえる仲間」と声をかけあって，教育相談の実働部隊をつくりましょう。「裏の教育相談チーム」をつくっていくのです。地下組織のように，ゆっくりと，賛同してくれるスタッフを少しずつ増やしていきましょう。「指導」の中心にいたスタッフが，ほかの学校に異動した瞬間から，「裏教育相談チーム」が主流派になって，「表」になります。すると，学校のカラーが一気に変わっていくのです。きっと，もうすぐですよ！

序章　スクールカウンセラーはタフでなければやっていけない

第1章 すれ違いばかりのスクールカウンセラーの毎日

スクールカウンセラーはわかってもらえないことばかり

清水有希

\1/ はじめに

　スクールカウンセラー（以下，SC）はチーム学校（詳細は第4章参照）の一員として教職員をはじめ，外部機関などの他職種や保護者と連携を取りながら児童生徒の支援を行うという職務があります。ですが，時折どうもSC側の想いがうまく伝わっていないような，困ってしまう場面に遭遇することがあります。自身も含め，SCとして働く方のなかには，大学や大学院における実習などで，教育現場を職員側として体験する機会を得ることのできなかった方もいます。その場合，SCとして採用されてはじめて職員の立場で学校現場に足を踏み入れることになるかもしれません。この章では，SCが実際に教育現場でどのような働きをしているのかをイメージしてもらえるよう，SCの具体的な仕事内容も盛り込みつつ，雇用形態別にふたつの「困りごと」に関する架空のエピソードをご紹介します。そして，本章以降の章では，それぞれの執筆者の立場から「困りごと」が起こった際の主張の仕方や交渉のスキルなどを示します。SCの方にはどのように自身を学校や地域で活かしていけるのか，SCとしてのあり方を見つけていっていただけると思います。また，SC以外の方には，SCがどのように教育現場で奮闘しているかを知って，SCと連携を取る際のヒントを見つけてもらいたいと思っています。

　なお，「困りごと」に焦点を当てますが，「困りごと」は決してネガティブなものではないということを強調させていただきます。SCが「困りごと」を乗り越えた先には，SC自身だけでなく，その臨床に関わったすべての人にとって「嬉しいこと」や「喜ばしいこと」が待っています。SCは，学校

という多くの児童生徒が家庭の次に多くの時間を過ごす場で，日々，児童生徒の成長や変化を身近に感じることができます。そして，それを児童生徒自身はもちろん，保護者や教職員をはじめとするチーム学校のメンバーなどとともに喜びあえる，とても尊い仕事です。さらに，連携する保護者や他職種の人々，ひいてはSC自身の成長や変化も実感できることも多々あるでしょう。この魅力あふれるSCという職業について，本書で執筆されている他の先生方の章やコラムも読んでいただけると，よりSCという仕事の実態・奥深さ・魅力などをおわかりいただけると思います。まだSCという仕事を体験したことのない方，今まさにSCとして従事されている方，SC以外の方々に，SCがどのような想いを抱えながら日々を過ごしているかを少しでもイメージしていただき，SCがより有機的に活躍でき，有機的に活用される道を探っていただけると嬉しいです。

\2/ スクールカウンセラーの雇用形態について

さて，本題に入る前にSCの雇用形態についてご紹介します。一般的にSCとは，文部科学省のスクールカウンセラー活用事業による都道府県・政令指定都市の非常勤SCが広く知られていますが，実はそれ以外にも存在しています。以下に一例を挙げます。

1. 都道府県・政令指定都市の非常勤SC
2. 市区町村の非常勤SC
3. 市区町村の常勤SC
4. 私学の非常勤SC
5. 私学の常勤（専任）SC
6. その他の勤務形態のSC　　　　　　　　　　　など

この章では，上記の中から2つの雇用形態のSCの具体的な困りごとと奮闘の様子をご紹介します。まず，SCで一番活躍している人数の多い（文部科学省，2023）1であるAさんと，1とは違う立場の一例として，5で

あるBさんにご登場いただきます。

3 スクールカウンセラーの活動内容と困りごとの実際

(1) 【事例1】都道府県採用の非常勤SC 2年目のAさん

　私は昨年度から関東地方のとある県のSCとして公立中学校1校に勤務しています。この県では，原則として1校につき週1日7時間の年間35日勤務です。夏休みや冬休みなどは，緊急支援を除き出勤しません。この学校には市に採用されているSC（以下，市SC）もいて，週3日1日7時間の勤務です。学校の規模としては1学年5クラスの全校生徒600名程度です。今は，ちょうど3学期が終わろうとしている3月末です。着任して約2年，困ったことに焦点を当てながら振り返ってみたいと思います。

　まず，着任する前に遡りますが，SCの実習経験がまったくない状態でSCという仕事をするという不安がありました。大学院の実習先は医療機関と大学所属の相談機関だったため，SCとしての実習をする機会がありませんでした。SCをしている先輩や先生方から話を聞いたり，スクールカウンセリングに関する本を読んだりすることで準備をしました。実際に勤務が始まると，思いもよらない困りごとがたくさん待ち受けていました。

　着任して最初に突き当たった困りごとは，前任者のSCからの相談に関する引き継ぎ資料がほぼなかったことです。電話でやりとりをしましたが，「守秘義務があるので」「先入観を持たないほうがよいと思うので」といった理由でした。初心者の私はそれ以上食い下がることができませんでした。管理職に相談したところ，昨年度から継続勤務の市SCに聞いてほしいと言われました。そこで市SCに聞いてみたところ，こちらでも「守秘義務があるので教えられない」と言われてしまい，「集団守秘義務があるのでは……」と思いつつ，やはり何も言うことができないまま，学校に保管されている生徒指導部の資料をもとに情報を得ながら相談業務をこなしました。前年度から相談を継続希望されてお会いした生徒や保護者からは「以前のSCさんにお話ししてある

思うんですけど……聞かれていないですか？」と言われ，「申し訳ありませんが，私のほうでもあらためてお聞かせいただけますか」とお願いし，相談者に負担をかけてしまったのではないか，と心苦しく思ったこともありました。

　また，前任SCが実践していた仕事内容をどの程度踏襲するか，という困りごともありました。前任SCは積極的に家庭訪問に行ったり，部活動に参加したりと行動的な方だったようでした。管理職から「SCは週1しかいないのだから，個人的に動くよりも，もっと学校にいて生徒の様子を観察したり，先生たちと積極的に連携してほしい」と言われたこともあり，自分の基本的な働き方を模索していく必要を感じました。また，市SCと月1回は勤務日を合わせて連携をはかってほしいと依頼があり，数回ほどは実行したものの，相談室がひとつしかないこと，教員から「同じ日にSCが2人いるとどちらに相談してよいかわからない」といった声があったこと，市SCからは「守秘義務」を理由に情報共有してもらえないことなどの理由から，市SCと勤務日を合わせることはやめることになりました。しかし，まったく情報共有しないわけにもいかないので，鍵のかかるところで保管するノート（校長室に置かせてもらいました）に個人情報に配慮した内容で（たとえば，「お昼の来室者は○○名でした」「○年○組○○（イニシャル）さんの保護者がカウンセリングを希望しているので担任と打ち合わせをお願いします」など）共有することにしました。

　試行錯誤しながらたどり着いた，自分なりの平均的な仕事と1日の仕事内容は以下です。

・生徒や保護者のカウンセリング
・教職員へのコンサルテーション
・教職員向けの研修
・おたよりを作成するなどの広報活動
・校内会議への参加
・ケース会議への参加
・外部機関との連携
・相談室の昼休み開放

```
8：00～    職員打合わせ
8：10～    教育相談コーディネーター教員と予約の確認
9：00～    生徒・保護者からの相談／コンサルテーション
10：00～   生活指導部会への参加
11：00～   生徒・保護者からの相談／コンサルテーション
12：00～   (昼休み) 相談室の開放
13：00～   生徒・保護者からの相談／コンサルテーション
14：30～   (放課後) 生徒・保護者からの相談／コンサルテーション
16：00    退勤
          (休憩はその日によって，空いている時間に取っていました)
```

　2カ月に1回程度，市の教育委員会が主催する地域SC連絡会があり，他校SCから地域に関する情報提供があったり，守秘義務に反しない範囲で情報共有をしたりと，困りごとを共有できる場があったのはとても心強く感じました。生徒やご家庭に外部機関につながってほしいと思っても，そもそも地域の資源に関する情報が少ないと，外部機関をおすすめしても説得力があまりなく，つながってもらえないということもありました。

　SCとして働くなかで，システムなどといった環境面に関する葛藤もありました。まず，相談の予約システムについてです。私の勤務校では，相談予約は「直接SCに申し込む」もしくは「担任・部活動の顧問・養護教諭・教育相談コーディネーターの先生を通して申し込む」という方法があります。職員室のSCの机（市SCと共用）に勤務日が書かれたカレンダーがあり，SC不在時には，カレンダーの空いている枠に各教員が予約を書き込むようになっていました。1年目の勤務して間もないときは勝手がわからず，自分の勤務時間のほとんどが予約で埋まってしまい，給食を食べる時間，記録を書く時間，関係者間で情報共有やコンサルテーションする時間，管理職に報告する時間を確保できず，やむをえずサービス残業になってしまうなど，どうしたものかと頭を抱えてしまいました。ここの学校では「残業は当たり前」という風土があったため，先生たちは勤務時間外にも話しかけてこられます。そこを無下に「勤務時間外ですので……」と断れば信頼関係を損ないかねません。

忙しい先生たちのサポートがしたい一方で，時間的な制約に阻まれ，葛藤を抱えることもたびたびありました。これについては，関係者間で検討をしてくださり，予約枠にゆとりを持たせて予約を取る，という形になりました。

　そのほかに困ったことは相談室内の環境でした。相談室の場所は校舎の端にあり，昇降口も裏門を利用できるあまり目立たない場所にあります。相談室に入るところを他の生徒や教員に見られたくない生徒，自身の子どもに見られたくない保護者は少なくありません。そのため，場所としてはよいと思います。もともとは教職員の休憩室だったようで，フローリングスペースと少し段の高い場所に分かれており，フローリングにはソファと，段上には畳のスペースもあり，一見快適に思えます。しかし，ソファは至るところが破れており，スプリングは飛び出し，ひじ置きの木のフレームは折れている状態でした。また，畳はささくれだらけでした。この学校は昼休みに相談室を開放しており，多くの生徒がカードゲームやおしゃべりなどをしに訪れます。元気がよく，ソファにダイブするように利用する生徒を見ては，「スプリングや折れたひじ置きで生徒が怪我をしたらどうしよう」「畳のささくれで怪我をしたり制服が汚れてしまったりしないだろうか」など，ひやひやすることも少なくありませんでした。SCは中立性を保つ立場ということを考えると，ソファにダイブすることについて生徒指導的な注意をしてよいものかという葛藤もありました。これらを管理職に相談したものの，まずソファや畳などは新しい物を購入するにも予算がないということでした。そこで，地元の譲渡サイトを調べてみると，不要になったソファやテーブルを譲ってくれるところを発見し，再度管理職に相談したところ，それであれば利用してもよいと許可がおりました。しかし，運搬は自分でしないといけないため，今度はそれをどうするかという問題に突き当たりました。再度，管理職に相談し，学校の公用車に入るのであればよいということで，事務職員や教職員の協力のもと無事に譲り受け，相談室の環境が整備されました。生徒指導の部分に関しては，教員が相談室に顔を出し，生徒の利用について，安全上の問題があればそのつど注意する，ということになりました。

　相談室の環境が快適になったと安堵したもつかの間，6月ごろになると気温の高い日が増えてきました。多くの相談室にはエアコンがないと聞いてい

たものの，この学校も同様にエアコンはなく，扇風機が2台設置されているのみでした。窓とドアを開ければ風は通りますが，相談の性質上，ドアが開いた状況では「いつ誰が入ってくるかわからない」「いつ誰に聞かれるかわからない」などが気になり，相談者が安心して相談できません。エアコンが設置されている，代用可能な教室を管理職や用務員の方と一緒に探しましたが，ちょうどよいところを見つけられませんでした。もちろんエアコンの設置をお願いしましたが，こちらも予算の問題で難しいという返答でした。利用者からも「暑さ」を理由にカウンセリングの中断希望があり，「どうしようもなさ」と自分の中で折り合いをつける時期でした。このような時期にはオンラインによるカウンセリングを検討するのもひとつの手だったかもしれません。

　やっと涼しくなってくると，今度は来年度の雇用についての心配が出てきます。募集要項には「再度任用の可能性あり」と記載があるものの，確約されたものではないため，頭の片隅に来年度の雇用についての不安を抱えながら仕事をすると考えると，正規職員であることの羨ましさや，SCという職種に正規職員という枠が少ないことへの心もとなさを感じます。また，年度の終わりごろにはじめてカウンセリングに来る生徒や保護者もいます。そのような生徒や保護者たちと，初回のカウンセリングでアセスメントをして終わってしまうことがあることも想定され，自分にはどうすることもできない無力さを感じます。一方で，副業可能であるため，他の地域のSCとして勤務したり，教育分野以外の領域で勤務したりなどし，臨床力を磨くことができるという魅力もあります。

　通年であった困りごとは，スーパーヴィジョン（以下，SV）についてです。大学附属の相談機関では相談員の方や大学教員のSVを受けられましたが，卒業したあとは自らスーパーヴァイザーを探す必要がありました。研修も受けたい，SVも受けたい，と思うと自分の収入との兼ね合いで葛藤することもしばしばありました。結局，「生徒や保護者，自分のために役立つもの」と言い聞かせて大学院時代の指導教官から紹介されたスーパーヴァイザーにSVをお願いしていましたが，金銭的に負担の少ない心理職の研鑽の機会が増えるとよいなと思っています。

　個別のケースについての困りごとは，カウンセリング時に「誰にも言わな

いでください」と言われたときの対処についてです。「日本臨床心理士会倫理綱領 第2条1 守秘義務」によると「業務上知り得た対象者及び関係者の個人情報及び相談内容については，その内容が自他に危害を加える恐れがある場合又は法による定めがある場合を除き，守秘義務を第一とすること」とあります。また，「公認心理師法 第41条」においても，「公認心理師は，正当な理由がなく，その業務に関して知り得た人の秘密を漏らしてはならない」とあります。たとえば，カウンセリング時に生徒から「過去に自傷行為をしたことがあるんですが，今はしていないです。誰にも言わないでください」と言われたとき，生徒との信頼関係を優先するか，保護者や担任などの関係者に共有するか，といったようなことです。

　また，教員向けの研修を依頼された際に，研修のテーマを指定される場合はよいのですが，研修のテーマもお任せされた際には，週に1回の勤務では学校アセスメントが十分にできず，研修のテーマを決めることにも頭を悩ませることがありました。

　こうして振り返ってみると，日々葛藤することばかりでしたが，なるべくひとりで抱え込まないようにしていたように思います。

（2）【事例2】私立中高一貫校専任SC7年目のBさん

　私は臨床歴としては10年目で，これまで都道府県SCや医療機関，私設の相談室などで勤務した経験があります。現在は私立の中高一貫校で専任SCとして勤務して7年目です。「専任」という言葉を聞き慣れない方もいらっしゃるかもしれません。「専任」とは無期雇用で，民間企業でいうところの正社員です。専任として採用されると，原則的には定年までその学校で勤めることとなります。「専任」と近い雇用形態で「常勤」があります。常勤の場合，契約は有期雇用です（法人ごとに採用基準が異なります）。「専任」と「常勤」の主な違いは，無期雇用か有期雇用かという違いがあります。私は3年間の常勤SCを経たのちに専任SCとなりました。基本的な勤務は月曜日〜金曜日の8：00〜18：00（休憩2時間）です。生徒たちにとっての夏休みや冬休みといった期間も勤務します。学校の規模としては1学年約150名ずつの全

校生徒約900名程度です。今は年度末の3月終わりです。この7年間を通して，困ったことに焦点を当てながら振り返りたいと思います。

　まず採用が決まったあと（夏ごろ）すぐに困ったことは，自身は非常勤SCの経験しかなく，身近に常勤SCとして勤務されている方がいなかったため，どのように働いたらよいのかということでした。書籍や論文にも常勤SCに関して記されているものは多くはなかったため，情報収集が難しいと感じました。疑問に思ったことのひとつとして，常勤になると非常勤SCのような仕事が単純に7倍になるのだろうか，それとも，もっと他の仕事内容になるのかどうか，ということでした。私の常勤SCとしてのはじまりは常勤SCをされている方を探すところからでした。前述のとおり知り合いで常勤SCをしている人がいなかったのでSNSで常勤SCをされている方を探し，直接メッセージを送り，個別に会う機会を作っていただき，仕事内容などを教えていただくことができました。ただ，実際に勤務が始まってみないと自身の勤務校をアセスメントしたうえでの実践はできないので，未知数な部分が多いと思いながら着任の日を待ちました。

　実際着任してみると，勤務校側としても前任SCは週3日4時間勤務の非常勤で常勤SCを採用するのははじめてだったため，どのようにSCを活用していくのかわからないと，お互いに手探り状態で始まりました。4月のはじめに管理職と話をしていくなかで，まず他校でSCが常勤で勤務している学校を調べようと，管理職が近隣の私学に電話をしてくれました。そのなかから，常勤SCがいて，かつ話を聞かせてくださるという学校に，管理職と一緒に向かいました。このように実際に話を聞かせていただき，何校かの常勤SCの方の話を参考に，本校に適したSCの働き方の模索が始まったのでした。

　いくつかの常勤SCが配置されている学校を参考に，本校の常勤SCとしての働き方としてたどり着いた主な仕事と1日の仕事内容は以下のとおりです。

- 生徒や保護者のカウンセリング
- 教職員へのコンサルテーション
- 教職員向けの研修
- おたよりを作成するなどの広報活動

- 校内会議への参加
- ケース会議への参加
- 教育相談コーディネーターとしてのケース会議のセッティング
- 外部機関との連携
- 生徒向けの心理教育
- 保護者向けの講話
- 校内適応指導教室の運営
- 学校説明会や入試など行事に関する業務

8：00〜	出勤・職員打合わせ
8：15〜	校内適応指導教室対応
10：00〜	生活指導部会参加
11：00〜	休憩（1回目）
12：00〜	昼休み中のカウンセリング
13：00〜	休憩（2回目）
14：00〜	校内適応指導教室登校生徒のグループワークや各学年の心理教育
15：00〜	カウンセリング／コンサルテーション／ケース会議
18：00	退勤

　勤務校には，近年の不登校生徒増加に伴う対策として，自身が着任する数年前から校内適応指導教室の運営が始まっていました。校内適応指導教室対応の具体的な内容としては，そこに登校している生徒が担任と立てた1日の学習計画を確認し，安心して学習できる環境づくりを行っています。希望があればグループワークなどを実施することもあります。校内適応指導教室は生徒の自立を目的に運営されています。しかし，教員の中には「そこの居心地がよく，教室に戻ってこられなくなるのではないか」「別室があるから不登校になるのではないか」といった懸念の声もありました。その際は，気持ちに寄り添ったうえで，「宮城県 別室支援の充実のために ～別室で児童生徒にかかわる方へ～」（宮城県教育庁，2023）などを用いて理解してもらえる

ように努めてきました。内容としては，「『教育機会確保法』には，不登校児童生徒が行う多様な学習活動を踏まえた個々の状況に応じた支援の大切さが示されており，また，児童生徒が安心して教育を受けられる学校の環境の整備も求められていること」や「別室等を設置した学校では，子どもたちを支援することで，『人とかかわれるようになった』『前向きに学習するようになった』などの成果を上げている」といったものです。

校内会議（勤務校では教育相談部会と名づけられています）では各学年で問題行動や要支援生徒に関する情報を取りまとめてもらい，教育相談部会のメンバーである教頭・生徒指導部部長・進路学習指導部部長・養護教諭・SCによる意見交換や情報提供をします。教員はとにかく多忙なので，生徒に関する情報共有や情報交換，コンサルテーションは教職員の空き時間に手短に行います。主治医がいる生徒や外部機関と関わりのある生徒に関しては，外部機関に電話をしたり，主治医の診察やソーシャルワーカーとの面談に担任と一緒に同席したりすることもあります。これについて，「SCがそこまでする必要があるのか」といった声もありました。また，主治医から「SCが常勤でいるのであれば，学校で認知行動療法を行ってもらうとよい」と言われてカウンセリングに来た生徒もいます。「公認心理師法 第42条2」には「公認心理師は，その業務を行うに当たって心理に関する支援を要する者に当該支援に係る主治の医師があるときは，その指示を受けなければならない」とあります。不安障害の認知療法・認知行動療法マニュアル（大野，2015）を参考に，学校で実施したいという気持ちがある一方，自分の認知行動療法の知識は大学や大学院の授業，外部研修を受けた程度であるため，どうしたらよいものかと困ってしまいました。教員の中には，「○○療法」と聞くと「医療行為ではないか？」と心配される方もいらっしゃいました。そこは丁寧にわかりやすく説明をし，生徒に対しては主治医や家庭と連携しつつ，認知行動療法のSVを受けながらカウンセリングを実施し，症状が改善したのは幸いでした。

私立は教育委員会の傘下ではないため，公立のように，定期的に近接地域のSCが集まって（守秘義務に反さないよう注意を払って）情報交換やアドバイスをもらう連絡会のようなものがありません。そのため，情報交換の機会

が多くありません（松岡ら，2022）。私の勤務校がある県では，私立中学高等学校協会が主催となり，年に数回，県内私学SCの連絡会が開催されるようになっています。とはいえ，共有できる情報には限界があり，守秘義務の観点などからも，やはり個別にSVを受ける必要を感じました。そこで困ったのが費用の問題でした。兼任が認められていない専任であるため，SVでは勤務校のケースのみを扱うことになります。そうなると，SC自身が個別にSVの費用を負担するのか，学校にSVの費用の負担をしてもらうのかという疑問が生じる。ここは管理職と協議をし，「学校のスーパーヴァイザー」としてSVを受けることができるようになりました。

外部性に関しても困りごとがありました。教職員間の関係性が近くなることにより，連携が取りやすい一方，相談内容の線引きが難しいと感じることがあります。たとえば，自分のクラスの登校渋りをしている生徒の相談を聞いているうちに，ご自身のお子さんの相談になっていたり，ご自身の親御さんの話になっていたり，といったような場合です。文部科学省（2007）のSC活用には，教職員のメンタルヘルスの支援も書かれているので，相談に乗りたい気持ちがある一方で，SCがひとりしかいないため，SC自身の過重労働になりかねないと，葛藤することがあります。

勤務校では，SCが教育相談コーディネーターを担っています。これについて，学校内に入り込み過ぎているのではないか，外部性が保たれるのだろうかと葛藤することがあります。栗原（2020）も，教育相談コーディネーターは教師が担うことが好ましいと述べています。

保護者からの相談での困りごとは「生徒に関する相談」がいつの間にかご自身の課題の相談になっていることです。そのほか，「うちの子が学校に行くように，先生から言ってもらえませんか？　親からではだめでも，先生の言うことだったら聞くと思うんです」というものもあります。心理職である以上，無条件の肯定的配慮はもちろん大切にしているので，保護者の気持ちは肯定します。一方で，SCはそれぞれの学校の教育理念に則って，生徒が学校で教育を受けることを前提に働いています。そのため，丁寧にアセスメントしたうえでその生徒にとっての最善が「学校に行くこと」であれば，環境の整備，必要なサポートなどをしつつ，登校を促すこともあります。一方で，学校に

行ける状態にいなければまずはしっかりと療養に専念する必要がある時期かもしれません。不登校という状態からの回復期（増田，2016）のどのステージにいるか，などもひとつの指針になると思います。保護者は子どもが学校に行かなくなると「学校に行かない＝問題」と思ってしまいます。「自分の育て方が悪かったのではないか（自責）」「恥ずかしくて自分の親にすら言えない（羞恥）」「周囲の家からどう思われているのかわからないから怖い（恐怖）」「このまま引きこもりになったらどうしよう（不安）」など，ネガティブな気持ちのオンパレードですが，自然な反応です。そこで，「今はしっかり療養をする時期です」と説明しても「学校は何もしてくれない」と言われてしまうと困ってしまうわけです。保護者との信頼関係をつくることもとても重要だと感じています。

　カウンセリングの予約については，前任SCが非常勤だったため，この学校ではカウンセリング予約は養護教諭がコーディネーターとなっていました。SCが常勤となったことで，自身でコーディネートすることになりました。生徒の予約の方法は「カウンセラーに直接言う」「教職員を通して予約する」があります。予約のやりとりがスムーズに行えないという課題がありましたが，近年ではコロナの影響もあり，ICTが普及しています。2回目以降の予約に関しては，勤務校で利用しているPC内のアプリのチャット機能で予約の調整のみ可能として運用しています。

　専任となると，基本的に体育祭や合唱祭，文化祭，学校説明会といった行事にも参加することが求められました。また，合宿などの引率を依頼されることもあります。このような仕事を引き受ける際に，SCとしての中立性を維持するための線引きに苦労をしました。たとえば，体育祭では広報や記録に用いるカメラ係を依頼されました。これは生徒や教職員の普段とは違う様子を見ることができるよい機会だと思った一方で，「SCの仕事だろうか？」といった葛藤がありました。また，合唱祭や文化祭，学校説明会では受付の業務を依頼されることがありました。教職員間の力動などをもとにした学校風土のアセスメントに役立つ一方で，やはり自分の思い描いていた「SCの仕事」と乖離があることに対する葛藤がありました。勉強合宿の引率では，「お風呂の見守り」という役割で，「自分でないといけないのだろうか？」という疑問

を持ちつつ，業務にあたりました。

　心理教育に関しては，2022年度から高校の学習指導要領が改訂され，保健体育の授業で「精神疾患」に関わる単元を学ぶことになりました。正しい知識を学び，精神疾患に対する偏見や誤解をなくす目的があります。そこで心理教育とあわせて授業を依頼されることがあります。ストレスマネジメント授業もできる一方で，評価が絡んでくるとどのように授業を行うのがよいのかと困りました。あくまでSCは特別授業として授業を行い，試験や評価は教員が実施すると，枠は守られるのではないか，と思っています。

\4/ まとめ

　この章ではこの書籍の導入として具体的なSCの活動および困りごとやSCの奮闘について記しました。このあとの章で多くのヒントを得ていただきたいと思います。

　文部科学省は令和4年12月「生徒指導提要」を改訂しました（文部科学省，2022）。改訂版における生徒指導の目的は，「児童生徒一人一人の個性の発見とよさや可能性の伸長と社会的資質・能力の発達を支える」ことと，「自己の幸福追求と社会に受け入れられる自己実現を支える」こととされています。一方，スクールカウンセリングは，児童生徒の心理的な発達を援助する活動であり，「心の教育」や「生きる力を育てる」などの学校教育目標と同じ目的を持つ活動である（文部科学省「在外教育施設安全対策資料【心のケア編】より），とされています。つまり，生徒指導とスクールカウンセリングの最終的な目標は同じといえます。

　また，2024年4月から「改正障害者差別解消法」により公立も私立も合理的配慮の提供が義務化されました。今まで以上に学校はチームで対応していく必要があるでしょう。SCが学校現場に欠かせない存在として，活躍の場を広げていけることを願っています。

引用文献

栗原慎二（2020）教育相談コーディネーター――これからの教育を創造するキーパーソン．ほんの森出版．
増田健太郎（2016）学校の先生・SC にも知ってほしい　不登校の子どもに何が必要か．慶応義塾大学出版社．
松岡靖子・深澤 静・山口芙美音・大迫元祐希・橋本しぐね・鵜養美昭（2022）私学常勤型スクールカウンセラーの活動の実際と課題．川村学園女子大学研究紀要, 33, 33-51.
宮城県教育庁（2023）別室支援の充実のために――別室で児童生徒にかかわる方へ．
　　https://www.pref.miyagi.jp/documents/1275/bessituleaf.pdf（2024 年 5 月 20 日閲覧）
文部科学省（2007）平成 19 年児童生徒の教育相談の充実について――生き生きとした子どもを育てる相談体制づくり（報告）2スクールカウンセラーについて．
　　https://www.mext.go.jp/b_menu/shingi/chousa/shotou/066/gaiyou/attach/1369846.htm（2024 年 5 月 20 日閲覧）
文部科学省（2022）生徒指導提要（改訂版）．
　　https://www.mext.go.jp/content/20230220-mxt_jidou01-000024699-201-1.pdf（2024 年 6 月 24 日閲覧）
文部科学省（2023）令和4年度 児童生徒の問題行動・不登校等生徒指導上の諸課題に関する調査結果．
　　https://www.mext.go.jp/content/20231004-mxt_jidou01-100002753_1.pdf（2024 年 5 月 20 日閲覧）
文部科学省ホームページ　在外教育施設安全対策資料【心のケア編】第3章スクールカウンセリング．
　　https://www.mext.go.jp/a_menu/shotou/clarinet/002/003/010/009.htm（2024 年 7 月 5 日閲覧）
大野 裕（2016）認知行動療法等の精神療法の科学的エビデンスに基づいた標準治療の開発と普及に関する研究（平成 27 年度厚生労働省障害者対策総合研究事業）．
　　https://mhlw-grants.niph.go.jp/system/files/2014/143111/ 201419032A_upload/201419032A0001.pdf（2024 年 7 月 5 日閲覧）

第1章　すれ違いばかりのスクールカウンセラーの毎日

コラム 1

子どもとの響きあう関係

衛藤真友乃（東京都公立学校スクールカウンセラー）

　学校ではよく，先生や親に言われてスクールカウンセラー（以下，SC）に会うことになったり，相談室に連れてこられたりする子どもがいます。そんな子どもたちは，この人は何者なんだろう，ここではいったいどんなことをするんだろう……と表情だけでなく，全身で不安オーラを放ちます。

　臨床心理面接において，クライエント（以下，CL）は誰しも安心して話したいという思いを抱いており，その安心感には，カウンセラーから受容・共感され，わかりやすい枠組みでCLが守られていると感じ，面接場面での話の内容やペースも自由な意思に任されていると感じることが深く関係しているといわれています（金沢ら，2020）。

　子どもとの面接でもそれは同じです。むしろ，子どもは大人以上にSCの出方をよく見ています。

＊　　　　　　＊

　子どもの安心感を育むとっておきの方法は，子どもの好きなことを共有することです。自分の好きなことに相手が興味を示してくれたら，大人だって嬉しいですよね。

　相談室の説明や現状の確認などひととおりの話をしたあと，子どもに好きなことを聞きます。そうすると，今にも噛み付かんばかりの警戒心を放っていた子どもも，おそるおそる口を開いたりします。SCが知らないことであれば教えてもらい，次の面接までに調べて得た情報の話をすると，口数が少しずつ増えていきます。母親と一緒でないと相談室に来られなかった子どもも，面接を重ねていくうちに好きなことを話せるようになり，そのうち「先生と二人でたくさん話したいから，お母さん早く出てって！」なんて言い出すこともあります。

　ある子どもは得意のダンスを披露し，ときには一緒に筋トレをすることもあります。子どもが作りたがる折り紙の難しい折り方に挑戦し，お互いに教えあうこともあります。相談室内に隠れ，SCが見つける前に自ら飛び出してくる子どももいます。一緒に汗を流したり，悩んだり，笑ったりと好きなことを通じて気持ち

スクールカウンセラーの一工夫

を共有するのです。

　でも，相談室は学校に行けるようになるための話をしたり，悩みを聞いてもらったりするための場所。好きなことだけを話す面接は意味がないのではないか，と考える先生もいます。そんな先生の話を聞くと，好きなことの話ばかり聞いていていいのかな……と思うこともあるかもしれません。でも，いいのです。

　毎回好きなことを熱心に話す子どもに，友だちとも好きなことについて話すのかを尋ねました。すると，「いつもは友だちの話に合わせるから，ここでしかこの話はしてないよ」と言うのです。その子どもにとって，面接は自分の「好き」をたっぷりと受け止めてもらう時間のようでした。

　好きなことの力は未知数です。自分の気持ちをなかなか言わない子どもでも，ぽつりと言ったテレビ番組の話題にSCが反応したことをきっかけに，「あのコーナーが好き」と自ら話し出すこともあります。困りごとが具体的に出てこない子どもも，しばらく好きなことを話していると，「実はね……」と自ら話しだしてきたりします。子どもの「好き」をたくさん聴いていると，それが状況を少しでもよくするヒントになります。英語が苦手な場合は好きな曲の歌詞から英単語を覚えてみよう，算数の文章題には好きなアニメのキャラクターを登場させて問題を解いてみよう，といったように。困っていた子どもも「それならできそう！」と目に光が宿ります。このように，好きなことはSCにも力を与えてくれるのです。

　好きなことはよい循環をたくさん生み出すので，早い段階で共有できるとよいですね。

引用文献

金沢吉展・上野まどか・横澤直文・中山愛美（2020）臨床心理面接におけるカウンセラー・クライエント関係に関する研究——カウンセラー・クライエント両者の体験の質的分析．明治学院大学心理学紀要，30, 13-26.

第2章 対人葛藤（もめごと）理論には連携・協働のコツがある!

益子洋人

\1/ はじめに

　本節では，最初に，スクールカウンセラー（以下，SC）がよく直面する問題を対人葛藤（interpersonal conflict; いわゆる【もめごと】）として理解できることを示します。

　SCとしてレベルアップしたい方々の中には，本書では多職種に自分の意見を上手に伝えたり，それらをもとに交渉したりするスキルを学びたいのであり，多職種ともめたいわけではない（むしろ，もめないようにと最大限に心を砕いている）という方がおられるかもしれません。しかし，対人葛藤理論こそ，主張や交渉について考える上で有用な理論なのです。そこで，まず，対人葛藤とは何なのかについて考えてみましょう。

　対人葛藤理論に基づくと，対人葛藤という言葉には，おおまかに2つの定義があると考えられます。「広義」の意味と，「狭義」の意味です。対人葛藤の定義をレビューしたハートウィックとバーキー（Hartwick & Barki, 2004）によれば，対人葛藤の構成要素とは，関心や希望の不一致，ネガティブ感情，干渉の3つであると考えられます。これらのうち，少なくともいずれか1つを備えるものが，「広義」の対人葛藤です。たとえば，プルイットとキム（Pruitt & Kim, 2021）は，「関心の乖離，つまり当事者の現在の願望が相容れないという確信」と定義しました。一方，3つすべての要素を備えるものが，「狭義」の対人葛藤です。たとえば，ハートウィックとバーキー（Hartwick & Barki, 2004）は，「相互依存関係にある当事者間で，不一致や目標達成への干渉を認識した際，否定的な感情反応を経験することで生じる動的なプロセス」と定義しました。

　この2つの対人葛藤の相違点をもう少し具体的に考えるために，ひとつ

模擬事例を提示してみましょう。

> 不登校傾向にある中学1年生Aさんへの支援方針をめぐり，SCと管理職の意見が異なっている。SCは，Aさんに負担になりすぎない範囲でできることを増やしていくことが望ましいと考え，Aさんのペースで相談室登校を利用するのがベターだと見立てている。一方，管理職は，相談室登校には日程の制限を設けるべきだと考えている。

　ここでは，すでに両者の間で意見の不一致が生じています。したがって，広義の定義に照らせば，これは対人葛藤です。このとき，SCと管理職は，お互いに「なんだか意見が合わないなぁ」と感じていることでしょう。しかし，お互いに相手への悪い感情は（まだ）持っていませんし，口論にもなっていません。ということは，狭義の対人葛藤には至っていないということです。

　ところが，この状態が3カ月，半年と続いたら，どうでしょうか？　その期間中，二人は会議や打ち合わせのたびに，お互いの不一致に直面し，「なんだか合わないなぁ」と感じ続けてきたことでしょう。すると，「わかってもらえない」気持ちが募り，相手を「話のわからない人」と評するようになるかもしれません。また，そんな「わからず屋」と情報交換をしたり，役割分担をしたりしようとすると，支援が円滑に進まないため，連携のための具体的な行動を躊躇するようになるかもしれません。こうなると，意見の不一致ばかりか，ネガティブ感情と干渉という問題も生じてしまったことになります。すなわち，狭義の対人葛藤です。

　このように考えると，「他者ともめないようにと心を砕いている」SCであっても，広義のレベルの葛藤であれば，日々，経験しているのではないでしょうか？　いじめられていると訴える児童生徒への支援に際し，SCは他の先生たちと協力して対応したいと考えているのに対して，本人は「誰にも言わないで！」と訴えている。学校に登校するだけで精一杯で，パニック発作で倒れそうな児童生徒への支援にあたり，SCは休養のため，登校を控えるように勧めたいのに，保護者がそれを拒否している。日々，複数のSCが交代で勤務する学校で，自分は集団守秘義務に基づき，切れ目のない

支援を行えるとよいと思っているのに，同僚のSCが情報を開示してくれない。勤務の時間がカウンセリングの予約だけで埋まってしまうと，先生との情報交換やコンサルテーションができなくなるので，その時間を確保してほしいと窓口の先生にお願いしても，予約を入れられてしまう。非行傾向の強い生徒とのカウンセリングを依頼され，「先生からもよく指導しておいてください」と言われたけれど，生徒指導に自信はない，など。SCとして，日々，意見や異論を呈したり，実際にはできていないけれど，本当は意見や異論を呈したかったりする，関心や希望の不一致は，ネガティブ感情や口論（すなわち，狭義の対人葛藤）といった要素を備えていなくても，広義にはすべて対人葛藤なのです。

　2つの対人葛藤のうち，より容易に解決できるのは，広義のものです。なぜなら，広義の意味で対人葛藤を理解するのならば，対人葛藤をより早い段階で問題化することができるので，解決のための行動もとりやすいと考えられるからです。広義の意味の対人葛藤に直面した人が知覚しているものは，ただ「相手と違う」ということだけであり，相手へのネガティブ感情や具体的な干渉行動ではありません。この場合，相手への苛立ちや，悲しみ，憎しみの気持ちは少なく，解決行動をとるための余裕も相対的に持ち合わせているでしょう。しかし，狭義の対人葛藤に陥ってしまうと，両者はともに相手にわかってもらえない苛立ちや悲しみなどの気持ちを抱えなければならなくなり，余裕がなくなってしまいます。この状態では，いかに自分が正しいかを相手にわからせようとする心性が強く働くので，相互理解や解決のためのスキルを活用することが困難になるでしょう。そのため，対人葛藤を乗り越え，解決していくためには，広義の段階のほうが扱いやすいと考えられるのです。

　以上のように，本節では，SCが日々他者との間で直面している，関心や希望が不一致だと感じる場面は，広義の対人葛藤として理解できることを示しました。次節では，対人葛藤の場面でどのような解決方法が望ましいのかについて考えます。

\2/ 対人葛藤解決における望ましい方略
――統合的解決と統合的葛藤解決スキル

　本節では，対人葛藤の解決を目指すために，どのような解決策が望ましいものなのかを検討します。

　望ましい葛藤解決方略を考えるにあたり，参考になるのが，「二重関心モデル」です。従来，葛藤解決の研究では，発生した対人葛藤が何らかの解決に至ったときに，どのようなパターンになるのかが研究されてきました。二重関心モデルは，その代表的な知見です（Rahim & Bonoma, 1979）。詳細は他書（たとえば，益子，2018）に譲りますが，二重関心モデルにおいて，最も望ましい解決方略は，自他の関心や希望がともに尊重される「統合（integrating）」方略だとされます（「協調」［八代・鈴木，2004］や"win-win"［Fisher, Ury & Patton, 1983］，「超越」［Galtung, 2000］，"acceptable"と呼ばれることもあるそうですが，自他の関心や希望を尊重する点は共通しています）。

　統合方略は，二重関心モデルの他の方略より，関係性，適応性の維持・促進と問題解決の両面で優れていることがわかっています。たとえば，この方略によって対人葛藤を解決できた人同士は，葛藤が生じる以前よりも，関係性指標が改善することがわかっています（古村・戸田，2008）。すなわち，「雨降って地固まる」を実現できるということです。また，本来的で自分らしい感覚の向上（益子，2013）や，学習意欲の向上，ストレスの低下（益子，2023）にも寄与する可能性が示唆されています。さらに，創造的なアイディア創出行動（岡村・藤，2022）を促進する可能性があることも確認されています。

　これらのメリットは，SCが学校においてチーム支援を行っていく際にも有益だと考えられます。たとえば，SCと同僚の先生方の間で対人葛藤が生じても，「雨降って地固まる」を実現できたとしたら，SC，先生方双方の居心地のよさにつながるでしょう。また，対話により，新しい支援の方法を共創できたとしたら，チームの総合的な支援力の向上にもつながるでしょう。実際に，諸外国の専門職教育では，葛藤解決と連携力の向上の関連を示す知

見が増えているようです。たとえば、セクストンとオーチャード（Sexton & Orchard, 2016）は、チーム内のパフォーマンスを向上させるために、もめごと解決教育が有効だったことを報告しています。また、ゴンザレス・パスクアルら（González-Pascual et al., 2018）は、専門職種間のコミュニケーションや役割の明確化などを含む教育を行った結果、向上したのは専門職種間の葛藤解決に関する効力感でした。このように、連携をうまく行えるようになるために活用されているのも、葛藤解決の教育なのです。

統合的解決が望ましい葛藤解決方略であることが明らかであるならば、偶然そのような解決策に至れることを期待するのではなく、意図的にその方向を目指せるとよいでしょう。その方略として提案したいのが、「統合的葛藤解決スキル」です。統合的葛藤解決スキルとは、「日常的な対人葛藤において個人が用いる、葛藤当事者双方がお互いに納得・満足して葛藤を解決するためのスキル」と定義されます（益子, 2013）。換言すれば、二重関心モデルにおける統合的解決を意図的に目指すためのスキルや態度をまとめたものです。

統合的葛藤解決スキルの構成要素は、4つです。第一に、「統合的志向」、すなわち、統合的な葛藤解決を目指すことが挙げられます。対人葛藤に直面した際に、やり方によっては統合的解決を目指せるという発想がなければ、そもそもそれを達成しようとは思えません。そのため、統合的な解決を目指すこと自体が、大切です。第二に、「粘り強さ」、すなわち、相手に対話を提案し、粘り強く話し合おうとすることが挙げられます。自分が統合的解決を目指し、自他ともに尊重する対話を行おうとしても、相手は（とくに初期には）対話を避けようとするかもしれませんし、たとえ対話に応じてもらえたとしても、合意に至るためには時間がかかるかもしれません。そうした対話の性質を理解し、根気よく関わろうとする必要があります。第三に、「受容・共感」、すなわち、相手の意見や主張を聴き、その背景に存在する関心や希望を理解しようとすることが挙げられます。自他がともに納得できる解決策に至るためには、自他の達成したい関心や希望が明確になる必要があります。相手の話を聴き、それを丁寧に確認します。そして、第四に、「丁寧な自己主張」、すなわち、相手を尊重しつつも、自分の関心や希望を丁寧

に伝えることが挙げられます。統合的葛藤解決を達成するためには，相手の関心や希望と同じように，自分の関心や希望も尊重する必要があります。そうしないと，相手が，意見を一方的に受け入れさせたという罪悪感を抱くかもしれません。そのため，自他の関心や希望をともに尊重するためには，自分をないがしろにしてはいけないのです。

　これらのスキルを身に付けるためには，意図的，人工的な練習が必要となるようです。なぜなら，世の中に，統合的葛藤解決スキルを活用するモデル（お手本）があまり存在していないと考えられるからです。たとえば，益子（2024）は，中学1年の道徳科の教科書に掲載された教材を分析し，対人葛藤のよりよい解決の検討を目的としていると思われるエピソードが多数あるにもかかわらず，統合的葛藤解決スキルを一部でも取り上げたエピソードは極めてまれであることを指摘しました。このように，統合的葛藤解決スキルは，挨拶の仕方のような一般的なソーシャルスキルとは異なり，社会の中で自然に成長するだけでは身に付く可能性の低いスキルになっているようです。そのため，意識して練習し，身に付ける必要があるものだといえそうです。

　以上のように，本節では，対人葛藤の望ましい解決方法は統合的解決であり，そのためのスキル（統合的葛藤解決スキル）を意図的，人工的に身に付けられると，主張，交渉や多職種連携に有効に機能しうることを示しました。次節では，模擬事例を踏まえて，統合的葛藤解決スキルの活用例について解説します。

\3/ 統合的葛藤解決スキルを活用した交渉の活用例

　本章の最後に，主張や交渉の場面で統合的葛藤解決スキルを活用するとどのような流れになりうるのかを，模擬事例に基づいて紹介します。題材は，前掲した，不登校傾向の生徒Aさんの相談室登校について，SCは本人のペースに合わせて使えるようにするのがよいと考えている一方，管理職は日数の制限を設けるべきと考えているという場面です。なお，以下では，SCの考えを【　】で，言葉を〈　〉で示し，管理職の言葉を「　」で示すことと

します。

　統合的葛藤解決スキルによる対話に挑戦する前提として，まず，これが対人葛藤の場面であると気づく必要があります。対人葛藤であるという自覚がなければ，そもそもそれを上手に解決するためのスキルを使おうと思えないからです。思い出していただきたいのは，「広義」の葛藤の定義です。それは，自分と他者との間で，関心や希望が不一致になっているように感じられる状態でした。すると，今回の場合，SCの希望と管理職の希望が不一致になっているので，対人葛藤であることがわかります。

　もうひとつ，実際に統合的葛藤解決スキルを活用する前提として，相手が話し合いに応じてくれそうかどうか査定する段階があります。たとえば，対話を提案しようとすると，毎回，忙しくて時間がとれないなどと言われてしまい，避けられているような場合です。こうした場合は，少し時間をかけて対話のベースとなる日常的なリレーションを築いたり，より上位者に相談したり（相手が同僚の先生であれば管理職，相手が管理職であれば教育委員会の担当者など）といった段階が必要になるかもしれません。

　それでは，首尾よくこの2つの段階をパスできたとしたら，次に行うべきことは何でしょうか？　統合的葛藤解決スキルを活用する最初のステップは，統合的解決を目指そうとすることでした。このスキルを活用するSCは，この対人葛藤に際して，たとえば以下のように考えるかもしれません。

> 【現在，この管理職との間で対人葛藤が生じている。けれど，うまく話し合えれば，統合的な解決策に至れる可能性があるだろう】
> 【統合的解決を，本当に達成できるかどうかは，話し合ってみないとわからない。けれど，それを目指して，対話してみよう】

　統合的葛藤解決に向けた第一歩を踏み出せるかどうかは，こんなふうに，対人葛藤が生じても，お互いに納得できる解決策を共創しうると思えるかどうかにかかっています。ふだん，私たちは，統合的解決以外の葛藤解決の方法に慣れてしまっていますし，対人葛藤の際には視野が狭くなりますから，ますます統合的解決という選択肢があることを忘れがちになります。ぜひ本

書を目立つ場所に置くなどして，思い出してください。

　統合的葛藤解決スキルを活用する第二のステップは，相手に対話を提案したり，根気よく対話を続けたりしようとすることでした。このスキルを活用するSCが，会議の場面で管理職の「相談室登校には日数制限を設けるべきだ」という意見に直面したときには，以下のような考えを伝えるかもしれません。

〈先生のお考えをうかがい，ひとつ，相談したいことが浮かびました。というのは，わたしが学んできた，お子さんたちをより元気に学校や勉強に向かわせるための理論に照らすと，日数を制限することで本当に元気になってもらいやすくなるのかな，と疑問に思うんです。しかし，経験の豊富な先生のご意見なので，きっと一理あるのではないかとも思います。ですから，もう少し詳しく，お考えを教えていただきながら，意見を交換させてもらえないでしょうか？〉

　交渉の場面において，「相談」という言葉は便利です。反対意見があるときにも，正面から反論をぶつけるのではなく，〈こんな場合はどうですか？〉〈こういうことが心配ですが〉と，柔らかく意見を呈することができます。言う側，言われる側，双方にとって，穏やかなコミュニケーションを続けやすくなるでしょう。

　しかし，このような言い方をしても，対話をすることそれ自体に難色を示す相手は，一定数います。その理由は，さまざまです。ある人は，対話（交渉）の土俵に乗ったら言いくるめられそうだと考え，押し切りたいと考えているのかもしれません。別の相手は，対話を行うという緊張感に耐えられないのかもしれません。

　このようなときこそ，ますます，「粘り強さ」のスキルを活用することができます。自分が対話したいと思ったそのとき，すぐに対話することができなくても，相手とほどほどの関係性を続けていけば，相手は自分のことを，「意見が違っても理解してくれる人」「意見の違う相手を軽視しない人」だと評してくれるようになるでしょう。そうすれば，そう遠くないうちに，あ

らためて対話のチャンスがめぐってくるかもしれません。また，いったんSCが相談室登校の日数制限を設けるという提案を受け入れ，その後，支援がうまくいかないという事実が確認できたならば，それを根拠としてあらためて対話を提案することもできるでしょう。「粘り強さ」を発揮するコツは，対話を諦めずに，コツコツとチャンスをうかがうことです。どうすれば，相手が話し合いたくなるのか，対話に向けた相手の動機づけを促進する方略を検討しましょう。

　なお，この「粘り強さ」というスキルは，対話を提案する段階だけでなく，対話の開始時から終了時まで使い続けることが望ましいものです。実際に相手の考えを聴き，確認したり，自分の意見や提案を主張したりする段階に入ったあとで，それらが相手の主張や意見が自分とはまったく相容れそうにないことがわかり，対話への気持ちが折れそうになることがあるかもしれません。たとえば，「相談室登校を設定すること自体が，学校教育の敗北である！」と主張されたら，咄嗟に【うわぁ……。これは，話が通じそうにないぞ……】とぼやきたくなるかもしれません。そうしたときでも，いったん気持ちを切り替え，【いったいどのような気持ちの動きがそう言わせているんだろう？】【この人が本当に望んでいるのはどんなことかなぁ】と考え続けるのは，「粘り強さ」によるものと考えられます。交渉は1日にしてならないこともあるのです。

　統合的葛藤解決スキルを活用する第三のステップは，相手の意見や主張を聴いて，背景にどのような関心や希望があるのかを想像したり，確認したりして，理解しようとすることでした。これは，後述する第四のステップ，相手の気持ちに配慮しながら，自分の関心や希望を丁寧に伝えることと，どちらを先に使ってもよいものです。もしも相手が先に自分の関心や希望に注目してくれそうならば，自分の関心や希望を伝えてもよいでしょう。しかし，交渉の場面では，たいてい，スキルを獲得している側は比較的気持ちに余裕があり，相手はそうでないと想定されます。気持ちに余裕がないということは，他方の話を受け入れる余地がないということです。その余裕をつくるためには，相手の言いたいことや，願っていることを聴いて理解し，相手に「警戒モード」を緩めてもらう必要があります。そのため，スキルを獲得して

いる側が最初に聴き手になるほうがスムーズだと思い，相手の関心や希望を理解することから紹介しています。このスキルを活用するSCは，「相談室登校に日数制限を設けるべきだ」と主張する管理職と，こんなやりとりを重ねるかもしれません。

〈日数制限を設定する必要があるというのは，どんなお考えから，そのように思われたのでしょうか？ 先生が，生徒さんたちによくないことを提案するとは思えないので，制限があるほうがよいと考えたということなのだと思うですが〉
「もちろん，そのとおりですよ。それはね，無制限ということになったら，別室に入り浸ってしまうかもしれないじゃないですか。無制限に別室登校をして，教室に戻れた生徒を，私はこれまで見たことがありません。甘えも出てくるかもしれません。それに，教室で頑張っている他の生徒たちにも，説明ができません。他の生徒も，『自分も自分も』と言い出すかもしれないですよね？ そうなったら，収拾がつかないですよ。そういうことを総合的に考えると，日数制限は必要だと思いますね」
〈ということは，まず，別室登校の生徒さんたちが，かえって教室復帰しにくくなるんじゃないかと心配されていらっしゃる。次に，今，頑張っている他の生徒さんたちも，頑張れなくなってしまうかもしれないということも，心配である。こういうことでしょうか？〉
「そういうことですよ」

相手の関心や希望を聴き切れているか，理解できたかを判断するためには，マズローの欲求階層説を参考にすることができます。欲求階層説に対する批判は承知しつつ，なおそれをここで援用したいと思うのは，欲求階層説が人間の欲求をわかりやすく抽象化しているからです。自他の主張の背景にある関心や希望を抽象化したときに，もしも欲求階層説のいずれか（生存したい，安心したい，仲間に入りたい，認められたい，自分の力を発揮したいなど）に当てはめられるものならば，関心や希望を捉えられたと考えてよいでしょう。反対に，もしも相手の主張がまだそれらのいずれにも抽象化できないの

ならば，もう少し聴きとる余地がありそうです。たとえば，前述した管理職の回答が「心配」ではなく，「甘えさせたくない」ならば，どんな関心や希望により「甘えさせたくない」と考えているのかをあらためて確認する余地があるということです。どの階層に位置するのかではなく，どのような関心や希望があるのかを理解するために，欲求階層説は役立ちます。

　ところで，前述した管理職の主張や意見について，読者の皆様の納得の程度は，どの程度でしょうか？　確かに，支援の効果がないか，学校全体に悪影響が及ぶのであれば，そうした支援策はとるべきではないと考える方もいるでしょう。ここで納得できたとしたら，この先の交渉は必要ありません。無理に納得できないことにする必要はないので，当面，この方針で支援すればよいということになります。一方，納得できないとしたら，どの点でしょうか？　たとえば，当該生徒への支援について考えると，日数制限がかえってプレッシャーになるので，奏功するとは思えないという方もいるかもしれません。そのようなときは，この納得できなさを活用します。そして，相手を尊重しつつ，自分の関心や希望に基づいて主張をするのが，第四のステップになります。このスキルを活用するSCは，自分の中にある意見を吟味し，こんなふうに言うかもしれません。

〈確かに……実際に，支援につながるかどうかは，吟味する必要があると思います。今，先生に指摘されて，あらためて，その可能性を検討してみました。その上で，なお，やはりAさんには，制限がないほうがよいのではないかと思います。その理由として，Aさんは制限を設けると，自分のペースを超えてそれに合わせようとする傾向があるように見えるからです。教室復帰に関わる研究では，できる限り頑張るよりも，少し頑張ればできることを着実に行ったほうが，長期的に見た場合，予後がよいと考えられています。先生が心配されている怠学の傾向も，今は見られませんし，これからも出てこないよう，注意して見ていきたいと思います。その兆しが見られたら，すぐに先生方にもご相談して対策しようと思います。それだと，先生のご心配は，どうでしょうか？〉
「ああ，そういう研究もあるんですね。それはわかりました。しかし，他

生徒への影響という点は，どうですか？」
〈別室登校をオープン化している，他の学校の例になりますけれども，活用する前に，生徒さんに，目的とデメリットについても説明しているそうです。「活用することで授業に出られなくなるから，学習が遅れるかもしれないし，クラスメイトと話が合わなくなるかもしれない。それでも使いたいか？」というふうに言うそうです。すると，本当にキツイ子は，それでも使いたいと言いますし，戻れそうな子は，自分で考えて戻ると言うそうです。こうした選択ができるように応援していくことも必要だと思いますし，際限なく受け入れることにはならないと思います。もちろん，そうできるように留意します。どうでしょうか？〉
（こうして，交渉は続きます）

　SCの主張が，相手の関心や希望（つまり，心配）に配慮したものになっていることに注目してください。葛藤場面で，一方が他方の意見や主張を受け入れられないのは，相手の意見や主張の正当性がわからないからばかりではありません。相手の意見や主張を受け入れたら，自分の関心や希望が叶わなくなると思っているから，受け入れられないということもあるのです。逆にいえば，自分が意見を提案するときに，自分の希望や欲求だけでなく，相手の希望や欲求が叶うような提案をすれば，提案を受け入れられる可能性は高まるでしょう。このように，自己主張をする際は，相手の希望や欲求をも尊重できるとスムーズに進みやすくなります。

　また，第三，第四ステップの対話は，カウンセリング（心理面接）で行う対話に似ています。すなわち，SCにとって馴染みのあるカウンセリングのやりとりは，統合的葛藤解決や交渉に活用することができるということです。SCは，心理支援の専門家として傾聴に精通しています。これを他の統合的葛藤解決スキルの下位スキルと合わせて活用できるようになれば，統合的葛藤解決や交渉が最も得意になりうる潜在的能力を秘めた職種のひとつだと思います。活用しないのはもったいないと思います。

　なお，統合的葛藤解決スキルの中には含まれていませんが，対話中に，自分の中の【困ったなぁ】と思う気持ちに振り回されないスキルも必要です。

＊破線内が統合的葛藤解決スキルを示す

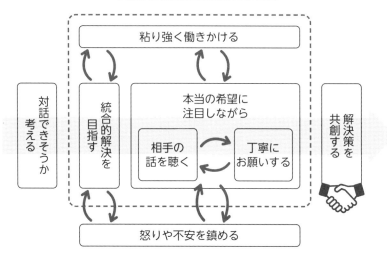

図 2-1 統合的葛藤解決スキルの活用プロセス

対人葛藤の状況で頻繁に感じられる，代表的な【困ったなぁ】という気持ちのひとつは「怒り」であり，もうひとつは「不安」です。主張をしようと一大決心をしたにもかかわらず，無視されたり，軽視されたりしたら，腹が立ったり，悲しくなったりするかもしれません。または，本当に相手に自分の関心や希望が伝わるだろうかと，不安を感じるかもしれません。統合的葛藤解決スキルを活用するには，こうした気持ちを感じていても，これらの気持ちに振り回されず，スキルを活用し続ける必要があります。そのためには，何が有効でしょうか？

　このようなときは，たとえば，アンガーマネジメントのような技法を活用できるとよいでしょう。しばしば誤解されますが，アンガーマネジメントは「怒らないようにする」スキルではなく，「上手に（＝怒りに行動を乗っ取られないように，不本意な怒り方をしないように）怒る」スキルです。また，自律神経系の反応という点で見れば，怒りも不安も交感神経が優位になる部分で類似していますから，怒りへの対処は一定程度不安にも通用すると考えられます。

第 2 章 対人葛藤（もめごと）理論には連携・協働のコツがある！

　アンガーマネジメントでは，怒りの気持ちに自分の行動を振り回されないようにするため，一呼吸，間をおくことを提案しているようです。ローゼンバーグ（Rosenberg, 2005）も，意見がまったく異なる他者に自分の希望を主張する際，怒りの気持ちを抑えるため，一呼吸おいた対話を試みていたことを報告しています。交渉に怒りや不安はつきものなので，合わせて練習してみてください。

　なお，図 2 - 1 に，統合的葛藤解決スキルの活用のプロセスを図示してみました。中央の破線で囲った部分が統合的葛藤解決スキルそのものを指しており，左端から右端に向けて時間が経過する様子を表しています。下段には，気持ちを落ち着かせることとスキル活用の関連を示しました。本文と合わせて，活用の流れをイメージしてみてください。

　そして，ぜひ，本章で紹介した統合的葛藤解決スキルを，他章で紹介されている取り組みと突き合わせてみてください。本書には，主張と交渉に関わる各先生方の取り組みが，たくさん紹介されています。それらは，統合的葛藤解決スキルの視点で捉え直せるものでもあります。「この先生はこんなふうに粘り強く関わったんだな」「ここで，相手の話を聴いて，本当の希望を理解したんだな」などと理解していただくと，一つひとつの取り組みを理論的に捉えることができます。そうすると，ご自身で主張や交渉にチャレンジするときにも，きっと役に立つはずです。

　先生方の主張，交渉がうまくいくように，応援しています。

引用文献

Fisher, R., Ury, W., & Patton, B.（1983）*Getting to yes: Negotiating a greement without giving in.* Penguin Books.［金山宣夫・浅井和子（訳）（1990）ハーバード流交渉術──イエスを言わせる方法 . 三笠書房 .］

Galtung, J.（2000）. *Conflict transformation by peaceful means: The transcendmathod.* https://www.transcend.org › TRANSCEND_manual（2024 年 5 月 24 日閲覧）［伊藤武彦（編），奥本京子（訳）（2000）平和的手段による紛争の転換──超越法. 平和文化 .］

González-Pascual, J. L., Icaran, E., Saiz-Navarro, E. M., Esteban-Gonzalo, L.,Cardenete-Reyes, C., & Beunza, J. J.（2018）Impact of the first interprofessional education undergraduate program in Spain. *Journal of Interprofessional Care*,

32,374-377.

Hartwick, J. & Barki, H. (2004) Conceptualising the construct of interpersonal conflict. *International Journal of Conflict Management*, 15, 216-244.

古村健太郎・戸田弘二(2008)親密な関係における対人葛藤.北海道教育大学紀要(教育科学編),58, 185-195.

益子洋人(2013)大学生における統合的葛藤解決スキルと過剰適応との関連――過剰適応を「関係維持・対立回避的行動」と「本来感」から捉えて.教育心理学研究, 61 , 133-145.

益子洋人(2018)教師のための子どものもめごと解決テクニック.金子書房.

益子洋人(2023)対話を促進する環境要因ともめごと解決スキル,学校適応感,対話への動機づけとの関連.日本教育心理学会第65回総会発表論文集(PG041).

益子洋人(2024)中学1年生の道徳教科書に見る統合的葛藤解決を学習する機会の欠如――ヒドゥン・カリキュラムの観点から.北海道教育大学紀要(教育臨床研究編),74(2), 9-16.

岡村実玲・藤 桂(2022)対立大いに結構,対立と葛藤あればこその統合と創造――企業間連携における組織カルチュラル・インテリジェンスの効果.日本心理学会第86回大会発表論文集,135.

Pruitt, D. G. & Kim, S. H. (2021) *Social conflict: Escalation, stalemate, and settlement. 3rd edition.* Lulu Press.

Rahim, M. A. & Bonoma, T. V. (1979) Managing organizational conflict: A model for diagnosis and intervention. *Psychological Reports*, 44, 1323-1344.

Rosenberg, M. B. (2005) *Speak peace in a world of conflict: What you say next will change your world.* PuddleDancer Press.[今井麻希子・鈴木重子・安納 献(訳)(2021)「わかりあえない」を越える――目の前のつながりから,共に未来をつくるコミュニケーション・NVC. 海士の風.]

Sexton, M. & Orchard, C. (2016) Understanding healthcare professionals' self-efficacy to resolve interprofessional conflict. *Journal of Interprofessional Care*, 30,316-323.

八代京子(監),鈴木有香(著)(2004)交渉とミディエーション――協調的問題解決のためのコミュニケーション.三修社.

第 2 章　対人葛藤（もめごと）理論には連携・協働のコツがある!

コラム 2

異文化を理解するスクールカウンセラー

松丸未来（スクールカウンセラー／東京認知行動療法センター　心理士）

　「わからなければ言ってくれればいいのに，わかったふりをされるから困る」「落ち着きがない。発達障害ではないか」「突然，ベランダに出て，飛び降りようとした。ストレスが溜まっているみたい」など，外国人児童生徒と関わる先生は困ってスクールカウンセラー（以下，SC）にSOSを出します。SCは力になれたらと思いますが，外国人児童生徒に会い，「何か困っていることない？」と聞くと，戸惑いの表情を浮かべて「いえ，ないです」と答えます。「無闇に立ち入らないでほしい」「そっとしておいてほしい」「話しても無駄」という本音のようです。「問題ありき」で話を聞いてしまえば，傷つけることにもなります。では，どうしたらよいのでしょうか。

　私は，公立小・中学校，高校で外国人の子どもやウクライナ避難児童生徒，外国からの転入生と出会ってきました。自分自身が，幼少期から成人までの16年間，海外生活をし，「外国人である違和感」「孤立感」をもち，多文化の中で「自分」を模索してきました。その感覚を「先生」という大人の存在にわかってもらうのは難しく，自分がこれ以上傷つかないためにも，簡単には心を開けませんでした。一方で，誰かにわかってもらいたい気持ちもあり，中学のSCに相談しにいったことがあります。片言の英語で，細かい内容が通じたかはわかりません。でも，「わかるわ」「それは辛かったわね」という言葉をかけてもらい，優しい眼差しで聞いてくれました。緊張で張り詰めていた私は安心し，もう少し頑張ってみようと思う力が湧きました。

　外国人の児童生徒の前に立ちはだかっている壁は，いくつもの層になっています。言葉の壁，文化（生活環境）の違いの壁，貧困や保護者の問題に関する壁，その子自身が抱えている心理的問題に関する壁などがあります。最初の3つの壁を越える支援をするには，現実的な社会福祉的な援助も必要ですし，言葉の習得や新しい文化を受け入れるには時間が必要です。

　社会資源は地域差がありますし，日本での生活に慣れるまでの時間は個人差があります。SCは，社会資源を探し，つなげたり，連携をとったりします。また，

スクールカウンセラーの一工夫

慣れない理由を捉えることも大切です。

　子どもにとってSCの存在意義は，子どもが自分の「普通」を安心して話せる人となることです。これには，SCが「外国人」という先入観を持たずに，同じ一人の人として対面し，話を聞くことです。最初に，共通の話題があるとよいかもしれません。イラストや運動など好きそうなことを話題にあげたり，「日本の学校の〇〇ってそっちの学校でもあるの？」などと聞きながら，現地校の話を聞いたりします。そして，子どもたちが「自分の国では……」と心を開き始めたら，少しずつ本音に迫ることができます（いろいろな国を転々として母国という感覚がない子どももいます）。言葉がうまく通じなくても，怯まず，翻訳機を使ったり，絵で描いてもらったり，母語で単語を書いてもらったりすることで，コミュニケーションがとれます。本音を聞けると，表面上現れている子どもの問題には理由があることがわかります。たとえば，「中国では，友だちとはスキンシップをしたり，冗談を言いあったりして，それが仲良しの証拠。でも，日本の友だちは違う。〔家にも居場所がなくて，だから，息苦しくなってベランダに飛び出した〕」（〔　〕はSCが読み取った子どもの心の声。以下同），「〔戦争を経験したし，大切な人とも離れ離れで，失ったものも多いし，日本にまだ馴染めないし，言葉がわからなくて不安になって少し落ち着きたい〕つまらない」「〔親の都合で日本に来たし〕どうしたいとかない。頑張っても無駄〔だから，わからないことはそのままでもいい〕」となります。

　SCとして大切なのは，異文化を体験している子どもたちの立場に立って思いを理解し，子どもたちの本音を先生へ翻訳し，理解を深めてもらい，子どもたちが一人の人として大切にされ，学校での居場所があるようにすることです。

第3章 連携・協働に活かす解決志向アプローチ

黒沢幸子

\1/ どうするスクールカウンセラーの連携・協働?

(1) 連携・協働なくしてスクールカウンセラー活動なし

　学校にまつわる多様な課題，たとえば不登校，いじめ，児童虐待，非行など，どの状況への支援をとっても，スクールカウンセラー（以下，SC）が課題を抱えた本人への直接的な対応（個別心理支援など）を行うだけで十分というケースはほとんどありません。少なくとも担任教員や保護者と何らかの連携を図ることになります。そもそも不登校などの場合，児童生徒本人とSCが直接会うことができない状況も少なくありません。その際は，教職員や保護者との連携や協働がなければ支援は始められません。ときには，児童生徒本人よりも，教職員や保護者が困っている場合もあります。

　そして，支援にあたり，教職員や保護者との連携に留まらず，教育相談センター，児童相談所，医療機関，警察少年センターなどの外部専門機関との連携や協働も必要になっていきます。

　このように連携や協働が相互に機能しなければ，学校における児童生徒への支援は前に進みませんし，うまくいきません。SCには，学校と地域支援機関などの資源が児童生徒へのセーフティ・ネットとなるようなつなぎ役，推進役としての働きを担うことが望まれます。学校内外の関係者や諸機関との有機的連携と協働を志向するSCとして，その技量を伸ばし鍛えていくことが強く求められます。

(2) 個別面接の技量だけでは連携・協働は難しい

　児童生徒や学校，そして家族や地域は，実際のところ，複数の問題や課題を複合的に抱えています。それに関して多様な原因が存在することになります。原因は立場により見方が異なりますし，原因が特定できないこと，わからないことも多くあります。また容易には変えられない原因もたくさんあり，原因に十分な手が打てないのも事実です。そこで，連携して事態に対処するうえで求められるのは，原因探しをしないアプローチです。

　また，連携や協働においては，児童生徒・教職員・保護者・地域・支援関係機関等，複数の多彩な関係者が関わりあうことになります。ここで，問題やうまくいかないことの犯人探しをしてしまうと，相手にその責任をなすりつけ合って対立構造が生じたり，支援がたらい回しになったりすることが生じがちです。犯人探し，悪者探しをしない視点での関わりが求められます。

　さらに，SCも教職員も，そして各支援機関も，それぞれがもつ時間や労力など，いわゆるコストには限りがあります。できるだけ短期に効率よく成果が出る支援を目指す対話や面接の方法が求められます。

　また，SCの活動においては，支援対象の児童生徒本人が支援に拒否的であったり，ときには保護者や教職員の協力が得られにくかったりして，周囲が困っていることも多く見受けられます。本人が不在であっても，協力を得にくいメンバーがいても，家族や周囲の関係者へ支援ができるノウハウをもつアプローチが必要です。

＼2／　解決志向アプローチは連携・協働の実践モデル

(1) 救世主といったら大げさだけど

　これらの求めに応え，連携・協働の技量を上げることに役立つものとして，解決志向アプローチが挙げられます。

　原因探し，犯人探しをせず，相手を尊重し，できていることやうまくいっていることに焦点を当て，目指す解決の姿やゴールについてともに考えるこ

とで，方向性や指針を共有して，次なる一歩を見出していくモデルです。

　解決志向アプローチは，時間や回数などできるだけ低コストで十分な成果が上がるように，効果性・効率性の高さを目指して開発されたブリーフセラピーの代名詞にもなっているものです。また家族療法の流れを汲んでおり，そこで重視される円環的相互作用（関係性）のとらえ方による理解を有しています。そのため，本人がいなくとも家族や関係者間の相互作用に働きかけることにより，その悪循環から離れ，良循環をつくっていくことにつなげられます。

　また，ブリーフセラピーや家族療法などと相互補完的に発展しているコラボレイティブセラピーで重視されるものに「協働する姿勢」があります。その協働する姿勢は解決志向アプローチにも共有され，協働に有用な観点が包含されています。

　ここまで連携・協働という表現を何度も使ってきましたが，あらためて「協働」について述べると，特定の立場の人が何かを一方的に担うのではなく，異なる立場の人々がお互いの役割や専門性を尊重して活かしつつ，連携し協力し合って共同作業を行い，新しいものを生み出したり，さらによい方向に進めたりしていくことです。

　話し合ってともに解決を新たにつくっていく特徴から，解決構築モデルとも呼ばれる解決志向アプローチは，まさに連携・協働の実践モデルといえます。

　連携や協働を適切に機能させるための救世主，とまではいいませんが，解決志向アプローチの発想や技法を知っている（使える）ことは，連携や協働の腕を挙げることに（必ずや）役立ちます。

(2) 解決をnegotiate（交渉する）

　上記で解決志向アプローチについて，「目指す解決の姿やゴールについてともに考える」とその特徴を記しましたが，ここでの「ともに考える」は，英語ではnegotiate（交渉する）と表現されます。

　日本語で，ニゴシエイト，交渉するという表現が使われる場合，協定や取

引のために（こちらが不利にならないように）話し合いをするといった印象がもたれるように思います。交渉という表現にはビジネスライクなイメージも伴うように感じます。ですから，心理療法やカウンセリングにおいて，「交渉する」という表現は違和感を覚えるものかもしれません。傾聴，受容，共感，感情を扱うといったイメージと「交渉する」はそぐわないように感じても不思議ではないでしょう。

　一方，英語のnegotiateは，複数の人々の間で，何かのテーマについて話し合い，解決や合意のようなものを作り出そうというときに使われます。その意味で，解決志向アプローチでは，negotiateという表現がよく用いられます。協働して解決を実現していくうえで，negotiateは不可欠なものです。

(3) 解決志向アプローチ成立のそもそもの話

　解決志向アプローチは，もともと依存症や配偶者間暴力（以下，DV），虐待，自殺未遂や自傷等，治療意欲が低くドロップアウトや再発が多く，従来型の心理療法や指導，対応では改善が困難とされていたケースの面接を多く行っている相談機関（米国の短期家族療法センター）で1980年代に生まれました。そこでの膨大な数の面接を治療チームで観察し記録し続け，そのなかで肯定的変化が確実に持続的に生じたケースの成功要因の検討を行いました。そこから，うまくいったことや役に立ったことを抽出して，モデル化し開発されたのが解決志向アプローチです（Franklin et al., 2011）。

　つまり，問題や原因を探して対応をしてもうまくいかないケースに，いったいどのようにアプローチすることが解決に結びつくのかを，（いわばその交渉の術を）現場の実践から導き出したものです。ここからは，SCの連携・協働の技量を高めることに役立つ解決志向アプローチの発想や技法を紹介していきます。

\3/ 連携・協働に生きる解決志向アプローチの骨格

(1) 問題志向からの転換

　解決志向アプローチの従来のモデルとの決定的な違いは，問題や原因に焦点を当てる問題志向モデルではなく，リソース（資源）や望む解決の状態に焦点を当てる解決志向／解決構築モデルであることです。

　解決志向では，支援対象者やその関係者を肯定的に見て深い敬意を払い，①望む解決の姿と，②リソース・強み・例外（いつもと違って少しでもうまくいっているとき），この①と②に焦点を当て，支援対象者や関係者の考えの枠組みに合わせて対話を続け理解を深めていきます。ソリューション・トーク（Solution Talk）と呼ばれるこの対話技法は，シンプルで安全性が高く汎用性に富むものです。

　解決志向は，現在では，医療，福祉，教育，産業，司法等，広範な領域にまたがり，個人や家族，集団や組織，地域を対象に，治療面接からコンサルテーション，心理教育，組織開発に至るまで利用されています。

(2) 「解決志向」の中心哲学と発想の前提

❶実践的な3つの法則

　解決志向アプローチでは，技法よりもむしろプラグマティズムの法則や発想の前提が重視されており，技法はそれを具現化するツールととらえられています。

　まず，「中心哲学」と呼ばれる以下のようなプラグマティズムの3つの法則が根底にあります。

1	うまくいっているのなら，変えなくていい（続けなさい）
2	もし一度やってうまくいったなら，もう一度それをしなさい
3	うまくいっていないのなら，なにか違うことをしなさい

この 3 つの法則は，治療，コンサルテーション，連携・協働など，あらゆる場面に活かされます（森・黒沢，2002）

❷発想の前提（ものの見方・考え方）
解決志向アプローチでは，対人援助において成果を生むための必要不可欠な発想の前提をもっています。それはシンプルに以下の 3 つの観点に要約されます。

> 1 「変化」について
>   ・変化は絶えず起こっており，必然である
>   ・小さな変化は，大きな変化を生み出す
> 2 「解決」について
>   ・望んでいる解決の状態（姿）について知るほうが，問題や原因を把握するより有用である
> 3 「リソース」について
>   ・人は，自身の解決のためのリソース（資源・資質）を必ず持っており，自身の解決の「専門家」である

これら 3 つに要約される解決志向の発想の「前提」は，支援対象者やその関係者に向き合う本質的な姿勢となります（森・黒沢，2002）。

(3) 円環的相互作用による見方

一般的に物事は，直線的相互作用（因果律）でとらえられがちです。これは，「Aの原因はBであり，Bの結果がAである」という一方向的な原因・結果の考え方です。他方，円環的相互作用（因果律）は，「Aの原因はBでもあり，Bの原因がAでもある。同時にAの結果がBでもあり，Bの結果がAでもある」という円環的な原因・結果の考え方です。これにCが加わり，さらにD，Eと多くが加われば，円環的相互作用でとらえなければ理解しがたいことになります。自然界や地球環境の生態的な営みも，円環的な相互作用をしてい

ます。
　「風が吹けば桶屋が儲かる」というのは少し極端な表現かもしれませんが，これに近い発想です。この理解に立てば，事象を柔軟に相互作用でとらえ，一方向的な原因探しから自由になります。問題が続き状況が悪くなっているときには，その相互作用が悪循環に陥っていることになります。悪循環を断ったり，良循環をつくったりすることを考え，そこに注力することで事態の改善や解決が生み出されていきます。解決志向アプローチは，直接的に良循環を生み出していくことに長けているものです。

\4/　巻き込まれず賢く応えて連携・協働

(1) ジョイニングの戦略を磨く

❶相手にうまく「合わせ」て，「巻き込まれ」ない

　教職員や関係機関と連携・協働して児童生徒や学校へのよりよい支援をしていくためには，まずは関係者らと「信頼関係」をつくることが求められます。いわゆる「ラポール」と呼ばれる信頼関係の形成のために，カウンセリングでは受容共感的な態度が強調されます。しかし，「信頼関係」をつくろうとして教職員や関係機関を尊重し，受容や共感をしながら受け身的に話を聴いていると，その考えや言い分に図らずも「同化」してしまったり，相手の複雑な状況や対立構造に，容易に「巻き込まれ」たりしてしまうことが起こりえます。

　たとえば，ある教員に対するある職員からの不満を聴き続けていると，その感情に影響されて，その教員との連携が必要な場面で抵抗を感じてしまうことがあります。あるいは，管理職への教職員の反発や要望を受け止め聴き役になっていると，教職員と管理職の板挟みとなり，身動きが取れず，より状況と立場を困難にしてしまうこともありえます。

　これは信頼関係をつくろうとしていながら，「ジョイニング」に失敗している状態です。「ジョイニング」は，相手に「合わせ」て信頼関係をつくっていくプロセスとその手段のことです。ジョイニングは，もともと家族療法

で提唱された方法で，相手の「枠組み」に意識的・意図的に「合わせ」ていく能動的な方略です。受け身的な「同化」や「巻き込まれ」とは異なるものです。相手に「合わせ」ていく戦略の目的は，支援をうまく進めることにあります（黒沢，2022）。

❷同調ではなく「枠組み」に「合わせ」て進める

　「ジョイニング」は多様な考え方や背景を持つ教職員や多職種機関との信頼関係づくりを進めるうえで欠かせない導入時点での戦略です。また，相手の「枠組み」とは，相手がもつ「意味づけ」の仕方のことです。たとえば，言葉や態度・表情・身なりも相手の「枠組み」を表しますし，そこに表現される感情，価値観・信条，背景，興味関心，役割，コミュニケーションのパターン等々は「意味づけ」の仕方になります。したがって「合わせ」る対象は，相手の言語・非言語の両方にわたります。

　ジョイニングのためのテクニックとして，①相手のムードや雰囲気（学校なら校風，機関ならその風土，文化），②相手の動き，③相手の話の内容，④相手のルール，これらに「合わせ」ることを意識的に行うことが挙げられています（東，2013）。

　たとえば，教員は働きかけの文化をもち，能動的な姿勢を重視します。一方，心理職は一般的に待ちの文化，受容的な姿勢を大切にします。医師は，診断・処方の文化，治療的な（治す）姿勢をもつといえるでしょう。福祉や矯正機関にもそれぞれ文化があり，それと関連してその常識や暗黙のルールがあります。個々人の個性に加え，このように立場や属する文化に違いがあり，重視することやその優先順位も異なります。

　それを理解して尊重し相手に「合わせ」て対話することで，シンクロの状態を成立させ，安心できる信頼関係をつくっていきます。相手の「枠組み」に「合わせ」つつ，その「枠組み」や意味づけを利用して，少しずつこちらのペースにも合わせてもらえるようにしていくことが狙いです。単に同調しているのではなく，意図をもって「合わせ」ているわけです。

❸両者の"一致点"に働きかける

　連携・協働では，教職員や多職種機関など特に複数の関係者が会する場面での「ジョイニング」が鍵を握ります。ここで重要なことは「多方面への平等な肩入れ」を行うことです。中立を装うのではなく，それぞれに対して，能動的に話を「合わせ」，味方としてふるまうことです。そして，それぞれの「枠組み」を尊重し否定することなく，その"一致点"を探って示していきます。これが今後の改善や解決に向けて協力関係をつくっていくうえで大きく役立つものです。

　たとえば，教職員や保護者，支援機関との間で，児童生徒への対処をめぐって意見の相違や対立があったとします。その場合にも，「いろいろな意見があるようですが，この子がよい方向に行くことを願う思いは，皆さん一致して同じですね」「どの意見も大切です。どちらかに偏らないことでバランスがとれ，問題を大きくしないですんでいるのではないでしょうか」といった，一堂に会している関係者らの一致点に「合わせ」て示していくことです（黒沢，2022）。

　ここから，解決の姿として望んでいることが同じ方向で一致しているという土台がつくられていきます。この土台づくりがうまく運べば，その後の具体的な目標や役割などについての話し合い（交渉）が進めやすくなるわけです。

　ジョイニングは，対立を広げずに一致点に「合わせ」て信頼関係をつくっていく優れた作戦です。連携・協働をするうえでは，まず「ジョイニング」をうまく進めることが鉄則です。

(2) 2つのニーズに賢く応える

　SCは学校での活動において，「問題」のアセスメントだけではなく，そこでの「関係性」や「ニーズ」をアセスメントすることが業務（立ち回り方）の鍵を握ります。

　学校やケースにおける「顕在的ニーズ」（はっきりと求められていること）に応えるだけでは実は十分ではありません。もちろん顕在的ニーズに応えないわけにはいきませんし，それも大切なことです。しかし，それに追われる

ばかりでなく，学校コミュニティにさまざまに生じる課題の背景を，SCの主体的な目で少し俯瞰的に眺めてとらえる必要があります。SCだからこそ感知し見立てられる，そこでの「潜在的ニーズ」（真のニーズ）への対応をどのように行っていくかが，学校の課題解決や援助機能の充実発展につながります（黒沢・森・元永，2013）。

　潜在的ニーズは潜在していますから，すぐにはそれがニーズであると学校や関係者に理解されにくいものです。ですから，仮に潜在的ニーズを把握できても，それに対して一方的にこうしましょうと主張しても，受け入れてもらいにくいでしょう。

　顕在的ニーズに応えつつ（恩を売れる材料を蓄えつつ），一方で潜在的ニーズを見立て，教職員や関係者を巻き込んで，連携・協働の形で潜在的ニーズへの対応を進めていけるように（SCが動くというより教職員や関係者に動いてやってもらえるように）していけたら申し分ないといえます。顕在的ニーズに応え教職員の役に立てるようにふるまうことは，「SCさんが言うなら，いろいろ助けてもらっているし，協力しないわけにはいかないね」「SCさんの意見も聞いてみて一緒にやっていこう」といった関係を（虎視眈々と）積み上げていくことになるわけです。

　ここで大切なことは，学校コミュニティの「問題」やうまくいっていないことを見つけていくのではなく，その学校の「強み」や機能していること，少しでもうまくやれていることを見出していくこと，そしてそれを教職員にうまくフィードバックしたり，対応の材料にしたりしていくことです。これは，連携・協働を進め機能させる知恵です。そのうえで解決に向けて有効な目標と手段，その役割分担をともに話し合って（交渉して）いくわけです。

　そして，顕在的ニーズや潜在的ニーズのどちらに対しても，SCの勤務形態の状況や業務の優先順位も踏まえ，働きかけ方を工夫して賢く取り組む必要があることを，もちろん忘れてはなりません。

\5/ 連携・協働に活かす解決志向の技

(1) リソース（持っている力・使える力）を見出す

　連携・協働において，何ができていないのか，何がうまくいっていないのかなど，無いものや問題が目につきやすいものです。とはいえ無いものばかり探しても，よりよい状態や解決は手に入らないため，できていることを見つけることが重要であることは，すでに述べてきました。

　できていること，持っているもの，使えるもの，役に立つものは有るものです。これらはどれも「リソース」（resource）です。リソースは，直訳すると資源であり，望んでいるよい状態や解決をつくるために欠かせない材料です。有るものは何でもリソースになりえます。あたりまえにあるものもリソースです。

　どうしても問題が目についてしまう場合，「問題の周辺にリソースがある」という発想が役立ちます。長所と短所は表裏一体であることが多いように，一見問題に見えることも，角度を変えてみたり，異なる「枠組み」で見直したりすると（リフレイミング），役立つ「リソース」として再発見されることも少なくありません（黒沢，2002）。大変な状況にあるときほど（巻き込まれずに），あまり力まずものごとを柔軟に見るようにしてみてください。

　教職員や学校（児童生徒を含む），関係諸機関について，探せばリソースは無尽蔵にあります。コツはリソースを見つけようとすることです。

(2) 「例外」は必ずある

❶問題が起こらないですんだ「例外」に注目する

　うまくいっていないとき，困難や問題が生じているときは，いつなんどきも例外なくその困難な状態が起こり続けているように感じます。そういう家族だから，そういう担任教員の学級だから，管理職に理解がない学校だから，うまく連携してくれない機関だから……仕方ないなどです。そうやって漠然と全般的に，問題な家族，困難な学級というとらえ方をしていると，そのな

かでの小さなよい変化や少しでもうまくいっていることなどは，ないも同然ですから気づきません。

しかし，どんな状況のなかでも，少しでもましなとき，そこまで悪くないこと，少しうまくいっていること，続いてくれて悪くないことなどが必ずあります。これらは「例外」と呼べるものですが，単なるまぐれや取るに足らないことではなく，これらは「すでに起こっているよい状態，解決している状態の一部」ととらえられます。問題をなくすことよりも，「例外」を増やせるようにすればよいのです。「例外」を見つけ，それを発展させることこそが，解決への近道といえるわけです。

ですから，SCにとっては，教職員とともに児童生徒や保護者に対して，あるいは教職員同士や支援機関についても，例外に注目し，例外を観察し，例外について尋ねることが大変に役に立ちます。問題の渦中にあればなおさら「例外」は見落とされがちですが，意識して探せば必ず見つかります。大切なことは，「例外」は必ずあると信じて，たとえば下記のような質問をしたり考えたりすることです。

> 「ほんの少しでもましな様子なのはどんなときですか？」
> 「これからも続いてほしいことはどんなことですか？」
> 「どんなときに問題は起きないですんでいるのですか？」
> 「どんなときに（児童生徒であれば，授業や行事，休み時間など）うまくできているのですか？」
>
> （黒沢・森・元永，2013）

❷「例外」から成功の責任追及へ

例外を見つけたら，それがどうやって起こったのか，何が役に立ったのかをさらに尋ねて見出していきます。それにより，何がよい状態になるのに役立つのかがわかります。

> 「どうやってそれ（例外）は起こったのですか？ どんな力を使ったのですか？」

> 「うまくやれているときは，問題が起きているときとは，何が違っているのですか？」
> 「少しでもうまくいっているときは何が役に立っているのですか？」

例外からリソースがさらに見つかります。例外は多くの人たちで探せば，さらに多く発見できます（黒沢，2002）。

連携・協働においても，支援対象の児童生徒の「すでにできている例外」を探し共有するだけでなく，よい成果がもたらされた際の関わりがどのようなものだったのかについて，教職員や関係機関が相互に意識して確認し合うことが役に立ちます。例外にともに注目して役立つことを見つけていくことが，信頼関係を育み，前に進んでいく希望，解決に向けての具体的な手立てをもたらしてくれます。うまくいくことに役に立ったことを共有して，それをもっと続けられるようにすればよいわけです。

(3) 未来の解決について交渉する

目先の困りごとや問題について話し合う以上に，児童生徒がたとえば「どのような大人に育ってほしいのか」という願いを話し合うことが必要です。不登校や問題行動など，現在や過去の問題や状況に向けられた視点を，現在の状況から一度離して，未来に向けた望む解決の姿について話し合うことです。解決の姿についてnegotiate（交渉）するわけです。

> 「状況がうまく行っているとき，何が違っているでしょうか？」
> 「どんな違いが生まれればいいですか？」「何が変わったらいいですか？」
> 「学校でより幸せにいられるとき，何が起きているでしょうか？」
> 「明日が素敵な満足した一日になるとしたら，どんな一日になりますか？朝起きたらどんな違いにまず気づきますか？」
> 「困っていることがなくなるとどうなっているでしょうか？」
> 「(問題行動) しないとしたら，そのかわりにどうしていますか？」
>
> （黒沢，2022）

解決の姿は必ずしも問題と直接関連していません。ここでいう解決の姿は,「べき論」や「方法論」とは異なるものです。望む未来の視座や解決の姿から,もう一度現在を照らし,ともに話し合うことにより,現在のとらえ方や意味づけ方が変わったり,新たな対処や理解,進むべき一歩が見えてきたりします。小さな変化は大きな変化への第一歩ですから,どんな小さな変化があればよいかを問い話し合うことも大いに意味があります。

目指している希望の地がわからないまま,森の中をさまよい,つまずくたびに目の前の石ころや木ばかりを見ているような状況では,確かに立ち往生となり,よい進展につながらないでしょう。目指している希望の地は,問われることで考え,ともに語り合うことで見えてくるものです。

過去や問題の話はほどほどにして,今と少し違う「未来の解決」について話し合って(交渉して)いくことが連携・協働において何より実は重要なことです。

(4) 具体的な目標づくりと手立て

❶目標づくりの3条件

解決の姿が共有できたとしたら,最初の一歩は何をするのかを見出すことが大切です。そのためには,とりあえず,いつごろまでにどうなっていればよいかといった具体的で現実的な到達点(目標)を見出すことです。そして何をすれば役立つのかを考えます。

以下の「機能する目標に整える3条件」をもとに,具体的,現実的な目標が得られるように,交渉するわけです。

> 1 大きなものでなく,小さなものであること
> 2 抽象的なものでなく,具体的な行動として表現できること
> 3 否定形(〜しない)ではなく,肯定形(〜をする,〜を始める)で表現できる行動

加えて,本人にとって役立つと思えるものであることが必要です。

大きすぎることや抽象的なことは，具体的な目標にならず実際には達成しにくいものです。何かをしないというかわりに，何をすればよいかがわかることが具体的な一歩につながります（森・黒沢，2002）。

❷10段階の数字で，今の状態と1つ進んだ状態を考える
　具体的な目標とその達成に役に立つことを見出していくのに有用なのが以下に述べる「スケーリング・クエスチョン」です。
　「1から10までの10段階で，10は望んでいる満足な状態や「未来の解決の姿」，またはその兆しが表れ始めた状態とし，1をその反対の状態，何ひとつできていない状態」と仮定して，「今の状態がいくつか」について数字で考える質問です。
　たとえば5という答えであれば，「その数字（5）まで来ているのはすでに何があるからなのか」，そのリソースや例外を尋ねて確認します。減点法ではなく，加点法の発想を用います。そこから，「もし数字が1つ上がったら，どんな状態で今（5）の状態と何が違っているのか」を聞きます。小さな違いによる次の到達点の状態，つまり目標がどのようなものかを話し合うことができます。
　最後に「数字が1つ上がった状態（6）になるのに，何が役に立ちそうか，できそうか」を尋ね，最初の一歩として何をするのがよいか，役立ちそうなことや助けになりそうなことをともに考え，実践できるようにしていきます。
　いきなり10になることを考えるのではなく，数字が1つ上がった状態を考えるため，最初の一歩を着実に話し合うことができます。連携し協働するチームが大きく目指していく解決の姿と，それに対する今の到達点，そのなかですでにできていること，次の現実的目標や具体的な一歩のための行動や役割を，これによりともに話し合うことができます。解決志向が得意とする質問技法ですが，解決への交渉を導く扱いやすい技法です。

（5） コンプリメントで認め合い労う

　いかなる教職員も関係機関も，その取り組みについて「大変な中でも自分たちなりになんとかよくやっている（これでいいんだ）」と肯定でき，安心感をもてるようにSCが働きかけ労うことは，連携・協働をうまく進めていくうえで大切です。例外への注目やその成功の責任追及によって，それぞれの一定のお手柄を承認し労い称賛することは，忘れてはならないポイントです。このようなSCの労いや働きかけは連携や協働における良循環を生み，それぞれのやる気や自信につながり，エンパワーメントになります。小さなよい方向の変化やうまく続いていることなど，また結果や成果自体よりもそのプロセスに着目し，その努力や忍耐などの過程を，折に触れて労い称賛することです。

　承認し，労い，称賛することを，解決志向アプローチではコンプリメントと呼びます。コンプリメントは，望んでいる未来や解決，ゴールや目標の達成につながるリソースが，自分たちにすでにあることを知ることができるように伝えることです。そのリソースに気づき，それを自ら活かし使えるようになることがねらいです。いうまでもなく，なんでもただほめることではありません。

　コンプリメントには，敬意や信頼，謝意を表する，励まし，応援するなども含まれます。また，専門家の立場から，できていることを肯定して評価することも，重要なコンプリメントになります（黒沢，2022）。

（6） 協働を生む姿勢と技

　協働で大切になるのは，関係者間の丁寧な対話によりその作業を進めていくことにあります。解決志向アプローチは，専門家としての相手を尊重し協働を促進するのに有益な多くの技を磨きあげてきたといえます。

　これまで，ジョイニングをしつつ，リソースを探し，「例外」について確認し，「成功の責任追及」をし，コンプリメントによって敬意と称賛，労い，謝意を伝えて，連携する関係者の力を引き出し使えるようにすること，「解

決」の状態や現実的な目標,それに役立つ具体的な指針や役割分担について交渉し,協働を進めていくことなど,解決志向で実践できるSCの姿勢と働きについて述べてきました。これらの背景にあるプラグマティズムの法則や発想の前提も示してきました。解決志向の技を活かすことによって,SCが連携・協働の腕を上げさらに磨いていくことを心から願っています。

引用文献

Franklin, C., Trepper, T. S., McCollum, E. E., & Gingerich, W. J.(ed.)（2011）*Solution-focused brief therapy: A handbook of evidence-based practice*. Oxford University Press. [長谷川啓三・生田倫子・日本ブリーフセラピー協会（訳）（2013）解決志向ブリーフセラピーハンドブック——エビデンスに基づく研究と実践. 金剛出版.]
東 豊（2013）リフレーミングの秘訣——東ゼミで学ぶ家族面接のエッセンス. 日本評論社.
黒沢幸子（2002）指導援助に役立つスクールカウンセリング・ワークブック. 金子書房.
黒沢幸子（2022）保護者との信頼関係づくり カウンセリング・テクニック基本8つの技. 諸富祥彦（編集代表），黒沢幸子・神村栄一（編）教師とSCのためのカウンセリング・テクニック4 保護者とのよい関係を積極的につくるカウンセリング. ぎょうせい, pp.10-25.
黒沢幸子・森 俊夫・元永拓郎（2013）明解!スクールカウンセリング——読んですっきり理解編. 金子書房.
森 俊夫・黒沢幸子（2002）森・黒沢のワークショップで学ぶ解決志向ブリーフセラピー. ほんの森出版.

第 3 章　連携・協働に活かす解決志向アプローチ

コラム 3

攻めと守りのバランス
―― 介入するとき，踏みとどまるとき。機を見て動く

上土井睦美（私立中高一貫校スクールカウンセラー）

　担任の先生と最終的な目標は同じだったとしても，短期的・中期的な方針，ペースやタイミング等の見立てが違った場合，どのようにすり合わせを行いどこまで介入するか。すでに信頼関係を築けている担任とであればスムーズに相談ができても，まだ関係が築けていないと難しいこともあります。ここではまだ担任との関係が築けておらず，担任からは特にスクールカウンセラー（以下，SC）の介入を必要とされていない事例（架空）をもとに，攻め（介入）と守り（踏みとどまるところ）のタイミングについて考えてみたいと思います。

　Aさんは中学1年生の夏休み明けから頭痛等を訴え不登校となりましたが，家庭訪問を通して担任への信頼を深め，徐々に保健室登校ができるようになりました。SCも養護教諭のはからいで保護者と面談をしたり，本人が登校したタイミングで話をしたりもしていましたが，基本的には担任と本人とで具体的な目標を立てて進めていました。そのためSCは担任の本人への丁寧な関わりを具体的に賞賛・フィードバックし，家庭での様子を共有する形で担任との関わりを持ちました。中2になると順調にクラスで過ごせる日が増え，中2の終わりごろには週に3日はコンスタントに登校し，クラスで過ごせるようになりました。頭痛の頻度も減り，友人と談笑する姿も見られるようになりましたが，体育祭や文化祭等，行事の後には数日連続して欠席がありました。

　そのような経過の中，本人の希望もあり，担任と本人で「全日制高校進学のため，中3は毎日登校する」という目標が立てられました。中3に進級し，無遅刻無欠席が1カ月ほど続いたころ，担任と本人から「もう大変な時期は乗り越えた，これからは受験勉強に集中したいのでSCとの面談はいったん終了したい」との申し出がありました。SCとしては頑張りすぎて息切れしないか不安があったため，「月に一度のお昼休み」と，頻度と時間のペースを落とした面談を提案し，何とか継続の了承を得ました。SCは進学に向けて頑張ろうとタッグを組んでいる二人に水を差しているような，足を引っ張っているような気まずさを感じながらも，踏みとどまって関わりを継続し，教科担当や養護教諭にも気にな

スクールカウンセラーの一工夫

る様子があれば教えてほしいと伝えておくことにしました。
　夏休み前，SC面談での本人の表情の硬さや落ち着かない様子が気にかかり，聞くと最近受験のことを考えると寝つけないとのことでした。ちょうどそのころ保護者からも，最近，下校後にソファで寝てしまい睡眠サイクルが乱れがちであること，養護教諭からも本人が頭痛を訴え，数度，保健室で休むことがあったとの情報を得ました。
　担任に本人の状況を伝え，再度，本人についての今後の見通しや目標についてすり合わせをしました。当初，担任からは，本人の望む志望校に何とか合格させ，楽しい高校生活を送らせてあげたい，ここが踏ん張りどころではないかとの思いが語られました。その思いにSCも同意しながら，高校生活を継続させるために必要なことについてさらに掘り下げていくと，担任のほうから「合格がゴールじゃないですもんね。体調が整って気力がないと，高校生活も続けられないですよね」「ちょっとアクセルを踏ませ過ぎたかもしれません。本人とも話をしてみます」との話がありました。SCはぜひともそうしてほしいこと，信頼を寄せているほかでもない担任からの言葉が本人には一番届くのではないかと伝えました。その後，担任と本人とで話をし，2〜3割余力を残した状態を意識しながら登校と受験勉強に取り組んでいくことを共有しました。その後は再び担任と本人の二人三脚を中心としながらも，担任も本人の状態についてSCと共有し，ペース配分に気を配りながらサポートしていく体制をつくることができました。
　この事例のように，基本は担任と本人との関係で進めていきながらも，複数の視点を取り入れて調整していくことが必要な場合もあります。刻々と変わる子どもの状態や状況，関わる大人のスタンスや影響などを読みながら，自らの立ち位置を考え，時機を見て動けるSCでいたいものです。

チーム学校の一員としての主張と交渉のスキル

水野治久

\1/　チーム学校

　2015年12月に中央教育審議会（2015）から出された「チームとしての学校の在り方と今後の改善方策について（答申）」より，学校ではチームで動くことが求められています。2022年12月に文部科学省から出された生徒指導提要（改訂版）もチームでの支援を前提にしています（文部科学省, 2022）。

　一方，スクールカウンセラー（以下，SC）のほうはどうでしょうか。現在のSCの任用は国家資格である公認心理師が任用の筆頭となっている教育委員会が多いです。東畑（2023）は，公認心理師の特徴を，現場知を原理として構成され，実習が重視され，多職種連携によるチーム支援が期待されていると指摘しています。

　確かに，SCの業務の中には，支援が必要な子どもと保護者にじっくりと面接をし，今，そこにある課題について，向き合い支援をする側面があります。しかし一方では，校区内を歩き廻り，援助のためのチームを立ち上げていく，どちらかといえば「動」の部分の活動もあります。この章では，このSCの「動」の部分について，「主張」と「交渉」の観点から解説したいと思います。

　図4-1は，SCが援助を展開するための主張と交渉のスキルを示したものです。まず，「①SCを利用する人（児童生徒，保護者，教員）の援助に対する意識や態度（援助要請）を理解し，配慮する」ことが重要です。児童生徒に限らず，助けを求めること，相談することに抵抗感のある人はいます（水野，2022）。教員にとって，学級で指導に苦労する児童生徒，問題行動

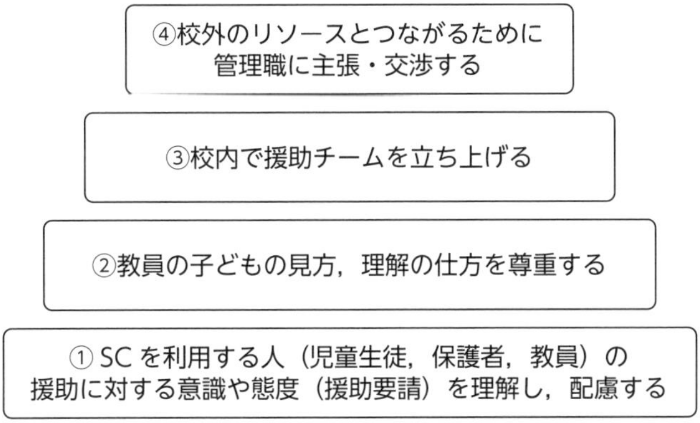

```
┌─────────────────────────────────┐
│ ④校外のリソースとつながるために │
│   管理職に主張・交渉する         │
└─────────────────────────────────┘
   ┌──────────────────────────┐
   │ ③校内で援助チームを立ち上げる │
   └──────────────────────────┘
      ┌────────────────────────────────┐
      │ ②教員の子どもの見方，理解の仕方を尊重する │
      └────────────────────────────────┘
         ┌──────────────────────────────────────┐
         │ ① SCを利用する人（児童生徒，保護者，教員）の │
         │   援助に対する意識や態度（援助要請）を理解し，配慮する │
         └──────────────────────────────────────┘
```

図 4-1 チーム学校の一員としての主張と交渉のスキル

や不登校で指導の方法がわからない児童生徒のケースでは，他の教員やSCに相談することへの抵抗感が伴います。SCは教員の抵抗感を理解し，配慮しながら，チームを組む必要があります。これは，児童生徒や保護者も同じです。

　次に，「②教員の子どもの見方，理解の仕方を尊重する」も必要なスキルです。特に担任は，援助ニーズの高い児童生徒だけを担当しているわけではありません。他の児童生徒からの視線がつねにあります。たとえば，学校生活でパニックとなり嘔吐してしまう児童がいるとします。教室で嘔吐することは本人にもまた周囲の児童にも悪い影響を与える可能性があります。学校側では，不安になったら保健室で休めるような支援計画を考えます。しかし，その事象を「あの子だけ休めてずるい」と捉える子どももいます。他の児童生徒にどのように，配慮が必要な子どもの援助ニーズを説明するかが課題です。担任からすると，援助ニーズに応じた適切な支援もときには「特別扱い」と見えてしまい，担任の学級経営に影響します。また，一般的に，養護教諭は健康相談の視点から，特別支援教育コーディネーターは特別支援教育の視点から子どもを見ます。管理職は学校経営の視点から子どもを見ています。

　チームを組むときに重要なのは，こうしたさまざまな視点を統合し，共通の子ども理解，アセスメントの共有に持っていくことです。SCはアセスメ

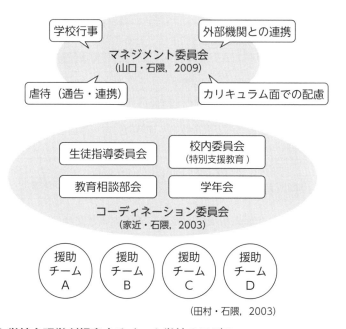

図 4-2 学校心理学が提案するチーム学校のモデル（石隈・家近［2021］を参考に作成）

ントの専門的な訓練を受けてきましたが、学校という文脈に関わるのは、現段階では週1回程度の場合が多いと思われます。また学級経営や教科教育の専門的な知識は有していない場合が少なくありません。SCは、教員のアセスメントの視点を尊重しながら、同時に、立場によって子どもの見え方が異なり、アセスメントも異なることを、確認すべきです。教員へのコンサルテーションが上手なSCは、その教員が、子どもをどう見ているのかをつねに把握しながら進めています。これには訓練が必要です。筆者は異文化間コミュニケーション訓練からヒントを得た疑似体験ツールを開発しています（水野、2022）。

　次に必要なスキルは、「③校内で援助チームを立ち上げる」です。筆者が専攻する学校心理学では、図4-2のようにチーム学校のモデルを提案しています。まず援助チームがあります（田村・石隈、2003）。援助チームは、ニーズの高い子どもについて、担任、生徒指導担当、SCなどがチームとなって支援します。保護者や子ども自身が入ることもあります（田村・石隈、

2017)。

　SCは，学校に支援を展開するにあたり，この援助チームで動くことを心がけたいです。教員からあがってきたニーズの高い子どもの相談，または教員の勧めによって来談した子どもの場合，比較的，スムーズにチームを組むことが可能です。しかし学校現場では，担任が一人で子どもを支援し，そのことで悩んでいる場合もあります。SCはこうしたケースを拾いたいです。加えて，昨今，現場に配置されているスクールソーシャルワーカー（以下，SSW）とも組み，援助チームを立ち上げることも可能です。

　次のステップは，援助のコーディネーションです（家近・石隈，2021）。学年や学校内でどのような支援が展開されているのか，また相互に齟齬はないのか，定期的に課題を共有し，連絡・調整を行う必要があります。これは，今の学校では，学年会や生徒指導委員会，校内委員会などの会議で行われます。SCがこうした会議に参加したほうがよいといわれることが多いのは，こうした会議で，校内にどのような援助が展開されているか，また，SC自身がどのような人に援助サービスを提供しているのか，共有したほうがよいと考えられるからです。SCは常勤の職員でない場合が多いのですが，援助の専門家として，校内をコーディネートする機能も発揮できます。

　一方で，昨今の子どものニーズは，家庭環境の調整が必要なケース，医療機関との連携が必要なケース，子どもの支援のために学校行事やカリキュラムを調整する必要性があるケースがあります。具体的には，教室に馴染めない子どもの宿泊行事への参加の仕方について工夫したり，カリキュラムを弾力化していく方法です。こうしたことは，学校経営の判断が必要です。つまりマネジメント委員会（山口・石隈，2009）レベルでの調整です。

　最後のスキルは，「④校外のリソースとつながるために管理職に主張・交渉する」です。このためには，マネジメントレベルの管理職への主張と交渉がポイントになります。ニーズのある児童生徒の背後に，虐待，貧困，ヤングケアラーなどの課題，また，疾患が存在することがあります。SCは，医療や児童相談所，行政や福祉など，どこにどのようにつないだらよいのかを知り，その具体的な方法を，管理職と一緒に考えることがあります。

\2/ 事例から学ぶ スクールカウンセラーの主張と交渉

ここでは小学校，中学校，高等学校に赴任したSCを想定して，SCが子どもの援助のためにどのようにチームを組み，主張をしていければよいのかを事例から考えます（表4-1参照）。

表4-1 本章の事例のテーマとSCが主張・交渉する相手，スキル

事例番号	校種	事例のテーマ	主張・交渉の相手	図4-1に示したスキルとの対応
1	小学校	特別なニーズがある児童	担任・特別支援教育コーディネーター	①援助に対する意識や態度を理解し，配慮する ②教員の子どもの見方，理解の仕方を尊重する ③校内で援助チームを立ち上げる
2	中学校	虐待被害を疑う生徒	管理職	①援助に対する意識や態度を理解し，配慮する ③校内で援助チームを立ち上げる ④校外のリソースとつながる
3	高等学校	摂食障害で医療的ケアを受ける生徒	担任・養護教諭	③校内で援助チームを立ち上げる ④校外のリソースとつながる

　事例1は，小学校において，特別なニーズのある児童について，担任と特別支援教育コーディネーターの子どもの見方が異なるケースでSCがどのように交渉し，チームを組んでいるかを考えます。このケースでは担任がチームで支援することに対して後ろ向きでした。SCは担任の抵抗を和らげるために，短い時間で，現実的な援助案を出せるように関わりました。事例2は，教室への入室が難しい中学生の援助です。この生徒の背後に虐待被害の可能性がありました。SCは管理職に主張しています。事例3では，摂食障害の疑いを持ち，医療的ケアを受けている高校生を学校教育の視点から支援していく事例です。SCは担任と養護教諭と交渉し，チームを組み，できることを模索しました。3つの事例に必要な主張・交渉スキルについても表4-1に記載しました。

3 【事例1】教室で特別なニーズがある小学校児童

　SCのA先生は，小学校に配置されたSCです。現在，月に3回ほど，公立小学校のSCとして勤務しています。5年生の学級に気になる子どもがいます。

(1) 担任と特別支援教育コーディネーターの視点の違い

　中堅の教員B先生は，今まで，子どもと班活動で話し合いをしながら，授業・学級づくりをしてきました。今年度は，小学5年生を担任し，4月の学級開きの直後から，Cさん（男子）の指導に苦戦しています。Cさんは，授業参加できません。勉強は家庭や塾でやっているのでできますが，班活動，発表が苦手です。授業への参加が難しく，タブレット端末をいじっています。班活動になると，ふらっと教室を出ていくことがあります。また，その翌日は欠席することが多いです。今まで（6月後半）で欠席は12日ほどです。Cさんの状況は学年の他の先生にも相談しています。保護者とも連携しているのですが，保護者は，このことをあまり問題にしていない様子です。

　一方，特別支援教育コーディネーターのD先生は，教室から飛び出したCさんを特別支援の教室に招き入れ，話し相手になっています。そして，昨年の状況などから，B先生がもう少し，Cさんのやりたいこと，できることに焦点づけをしていったら，状況が改善すると考えています。

　B先生がCさんを見る視点と，D先生がCさんを見る視点が異なります。SCがこの状況を調整し，援助チームを作ることがポイントです（図4-1，スキル②）。B先生は，Cさんの事例は教室の中の問題行動であり，授業の受け方の課題であると捉えています。B先生は，Cさんの問題を自分の学級経営の問題として捉え，チームで支援することにやや消極的です。しかし一方で，D先生は，Cさんの問題行動は，B先生の指導行動とのマッチングに課題があると捉えています。

(2) SCの交渉

 5時間目，SCのA先生は，Cさんの教室を見にいきました。教室の廊下側の一番後ろの席でCさんは授業に参加せずにタブレット端末でゲームをしていました。授業が終わったあと，担任のB先生が「Cさんの観察，ありがとうございました」とSCのA先生に話しかけてきました。教室でしたので，B先生とは放課後に話し合うことにしました。放課後，職員室のB先生の隣の席に行き，Cさんのことを聞きました。B先生は，Cさんが4月から落ち着かないので，家庭で何かあるのではないかと思い，4月後半の家庭訪問のときに，保護者にCさんの様子を聞きました。保護者は，「勉強は塾でやっている」ということで，「学校では友だちづくりをして，社会のことを学んでほしい」と言いました。Cさんに聞くと塾は毎日あり，週末も習いごとをしているようです。B先生の気持ちの中に，小学校での教育を尊重しないCさんの保護者への戸惑いがあることはSCのA先生の目には明らかでした。SCのA先生は，「小学校の勉強は塾では置き換えられないですよね」とB先生の気持ちを汲み取りました。B先生の表情がやわらぎました（図4-1，スキル①）。

(3) チームの結成

 そこで，B先生に，「できたら，特別支援教育コーディネーターのD先生と，Cさんの支援について作戦会議をしませんか？」と提案してみました。「次回の私の勤務日の16時から30分くらいどうですか？」と声をかけたのです。援助チームの結成です（図4-1，スキル③）。B先生は，「30分くらいならいいですよ」と快諾してくれました。

 SCのA先生は，次の日の勤務の午前中，面接の合間をぬって5年生の教室に入りました。Cさんはタブレット端末を操作しています。よく見ると，タッチペンで，算数のプリントに取り組んでいました。SCのA先生は，「Cさんは，タブレットで遊んでいるわけではなかったのだ」と思いました。

 その日の放課後，会議室で，担任のB先生と特別支援教育コーディネーターのD先生，SCのA先生の援助チーム会議を持ちました。D先生がCさんの

ニーズを話しはじめました。SCのA先生は，B先生の学級経営をねぎらいつつ，Cさんがタブレットの端末で，計算ドリルを写して計算しているときもあることを伝えました。B先生はこのことを知っていました。そして，今後どのようにしていくか，短期的目標を話題にしました。B先生は，しばらく考えたあと，「Cさんは，クイズとかやると食いつくときがありますね。たとえばなんですが，単元ごとに前の授業の振り返りをテーマにして，アニメーション付きスライドを作成することは可能です。クイズ形式にし，児童の端末で共有して児童の解答をアンケート方式で集約，結果を教室のモニターで表示することができます」と言いました。ひとまず，この取り組みをすることにしました。特別支援教育コーディネーターのD先生も，B先生のこの提案に，「いいアイディアですね。それならCさんにも他の子どもにも楽しめて，なおかつ復習になりますね」と応答しました。

(4) 1カ月後

その後，1カ月が経過しました。援助チームで集まったとき，B先生がCさんの様子を教えてくれました。Cさんは，まだ教室でタブレットを見ることもありますが，授業のクイズについては，楽しそうに答えるようになったと言います。嬉しいことに，Cさんの教室の外に飛び出す回数，欠席が大幅に減りました。引き続き，担任のB先生，特別支援教育コーディネーターのD先生，SCのA先生がチームとなり，Cさんの支援を考えていくことになりました。

\4/ 【事例2】虐待被害を疑う中学校生徒

SCのE先生は，公立中学校のSCとして週に1回勤務しています。学校で，教室に入りづらい1年生の女子Fさんの担任から相談を受けています。

(1) 教室に入れないFさん

　中学校のSCであるE先生は，勤務している中学校の，ベテランの教員G先生から相談を受けています。G先生が担任している1年生の女子生徒Fさんから，手紙をもらうと言います。Fさんは教室に入りにくく，校内適応指導教室「ふれあい教室」で過ごしています。G先生によると，「G先生にしか相談できない。リスカ（リストカット）している。お父さんが嫌い」と書いた手紙をGW前にもらったと言います。すぐに本人に話を聞くと，Fさんは「お父さんは，私が教室に入っていないと怒る。だから，『ふれあい』にいることを秘密にしてください。教室にいると言ってください」と発言したと言います。

　実は，Fさんは，小学6年生のときはほぼ登校できませんでした。担任のG先生の関わりが功を奏して，Fさんは5月中旬まで1日も休まず登校しています。SCのE先生は，Fさんがリストカットしていることについて懸念を持っていました。念のために養護教諭のH先生にも依頼し，傷を確認してもらうことにしました。

　翌週，養護教諭のH先生からSCのE先生に，「Fさんのリストカットには丁寧に対応したほうがいいと思います。1週間経過観察をしていましたが，やはり家の人から『教室に入りなさい』と強く言われているようです。Fさん本人は否定しますが……」と教えてくれました。SCのE先生は，すぐに，授業から帰ってきたG先生を見つけて，職員室の隅で，養護教諭のH先生を交えて3名で，緊急的なチーム援助会議をしました（図4-1，スキル③）。

　G先生は，「Fさんにもう一度確認して，必要なら生徒指導主事や管理職に相談する」と言いました。ちょうど，SCのE先生も予約がなかったので，「ふれあい教室」にいたFさんに話しました。運よく，「ふれあい教室」にいた生徒はFさんだけで，プライバシーが守られる環境でした。G先生は，「家の人から教室に入るように言われていない？」と質問しました。Fさんは，少し驚いた顔をして，うなずき，「お父さんから」と声を絞り出しました。ただし，Fさんは，「教室に入れない私が悪い……」と言いました。SCのE先生は，Fさんの発言にうなずきながら，少し離れてFさんの腕に傷があるのを確認しました。リストカットの傷が確認できました（図4-1，スキル①）。

もし，Ｆさんが，家の人から何らかの被害を受けていたら，Ｇ先生に対する手紙も，リストカットも，援助要請のサインであるといえます。そんなときに，養護教諭のＨ先生から「校区の養護教諭部会で，Ｆさんが小学３年生のときに，虐待対応で児童相談所の人がＦさんの家に入っていた」と聞きました。４年ほど前です。ＳＣのＥ先生は，養護教諭のＨ先生とともに，小学校を訪問しました。やはりこのことは事実で，心理的虐待と面前ＤＶがあったようです。養護教諭のＨ先生とＳＣのＥ先生は，このことを中学校に持ち帰り，生徒指導担当の先生に報告しました。

(2) 管理職への主張

　ＳＣのＥ先生は，管理職に，思い切ってＦさんのことを話すべく，生徒指導担当教員，教頭先生に事前に相談をし，理解を得て校長室をノックしました（図４-１，スキル④）。ＳＣのＥ先生は，「現状ではＦさんは，『ふれあい教室』に毎日登校し，小学校時代からは劇的な改善をしています。それは担任のＧ先生や養護教諭のＨ先生のサポートの賜物だと思います。でも，そのプロセスで見えてきたのは，Ｆさんがリストカットしていること，担任のＧ先生に『手紙』で訴えていることです。虐待の被害を視野に入れながら検討する必要があります」と言いました。校長は，ＳＣのＥ先生によるＦさんのアセスメントを聞き，虐待対応ということで，その場で，生徒指導担当，教頭，担任のＧ先生，養護教諭のＨ先生を校長室に招き入れ，Ｆさんの支援をめぐってどのように連携をするか，児童相談所，教育委員会への相談を視野に入れて検討しました。
　その結果，校長は児童相談所，教育委員会に相談しました。そして，Ｆさんの過去の状況について開示できる記録の有無について問い合わせをしました。

(3) 事例の振り返り

　ＦさんのケースのＳＣのＥ先生は，援助のコーディネート機能を発揮したと考えます。読者の中には，ＳＣは，Ｆさんの面接を優先すべきと考える人

もいるかもしれません。しかし，背後に虐待のリスクがあったために，生徒指導担当，教頭の許可を取った上で，校長に直接，専門家としてFさんのケアの必要性を訴えました。マネジメントレベルへの提言です。

また，この事例にはもうひとつのポイントがあります。SCのE先生は，校内の援助資源をつなぎ合わせる役割を担ったことです。SCのE先生が，養護教諭のH先生とつながり，Fさんの小学生のころの虐待被害の事実を突き止めました。

\5/【事例3】医療的ケアを受ける高校生

SCのI先生は，私立高校のSCとして，月3回勤務しています。高校でJさんという2年生の女子生徒の支援をチームで展開しています。事例を見てみましょう。

(1) 欧州の小学校を卒業したJさん

Jさんは高校2年生の女子です。小学校時代は，欧州で過ごし，英語が堪能です。感染症の影響が出てきたときに，母親の実家に母親とともに帰国しました。父は貿易関係の仕事をしていると聞いています。もともと日本語は母語ですので，高校にはすぐに馴染みました。高校は，海外留学ができるグローバルコースに入学しました。このコースは，豪州への長期留学が可能です。しかし感染症の影響が拡大し，在学中の海外留学は叶いませんでした。目標を失ったJさんは，体調を崩しました。しかし，体調が悪いながらも，登校を続けていました。英語弁論大会に出る希望もありました。しかし，この大会も感染症の影響で不開催になりました。Jさんの体調はよくならず，登校すると保健室で過ごすことが多くなりました。高校1年生の3学期くらいから，養護教諭のK先生は，Jさんの体型が気になってきました。痩せています。食事や睡眠を含む生活習慣のことを聞くのですが，Jさんは下を向くばかりです。養護教諭のK先生は，月に3回来校しているSCのI先生に相談しました。実は，Jさんはカウンセリングを受けることに抵抗を示しています。SCのI先生

は，自身の臨床経験から，自分のことを語ることが苦手な生徒はカウンセリングに対して抵抗感があると考えていました。無理にJさんを面接室に連れていくのはカウンセリングへの抵抗感を助長することになりかねません（図4-1，スキル①）。

（2） 医療機関への受診

　SCのI先生は，それとなく保健室に入り，Jさんと話をしつつ，見立てました。養護教諭のK先生とSCのI先生は，Jさんについては担任と話をしたほうがよいと考えました。Jさんの担任，L先生は，どちらかというと，成績を重視するタイプで，摂食障害についての理解はありませんでした。L先生は，「少し様子をみたらどうですか。Jさんより痩せている人は多くいます」と言いました。しかし，2週間後，SCのI先生が来校した際には，Jさんは，心配になるほど体重を落としており，やつれていました。養護教諭のK先生はすでにそのことに気づいており，担任のL先生と連携して，保護者と連絡を取っていました。Jさんの保護者は，病院に通院するために予約を取ったと言います。

　Jさんの学年の先生方は，「病院にお任せした」という安堵感がありました。Jさんは毎日登校してきます。教室に入りつつ，ときどき保健室で過ごしていきます。SCのI先生は，養護教諭のK先生，担任のL先生にある提案をしました（図4-1，スキル③）。Jさんの摂食障害は，病院の指示に従うことがポイントではありますが，「学校として支援できることがあると思う」と話しました。担任のL先生はチームで支援することのイメージが持てていない様子でした。SCのI先生の印象ですが，L先生は，SCは子どもを面接室でカウンセリングすることが役割であるという印象を持っているようでした。

　SCのI先生は，「もしJさんがカウセリングを希望すれば面接をします。ただ，Jさんがカウンセリングを希望していないのであれば，Jさんと話ができる先生と協力し，間接的にJさんを支援したいです」とL先生に言いました（図4-1，スキル③）。L先生は，「SCってそんなこともしてくれるのですね」と言いました。

　幸い，担任のL先生はJさんの母親とよい信頼関係を構築していました。そ

こでSCのI先生は，担任のL先生，養護教諭のK先生と援助チームとなりました。

(3) Jさんの診断と医師の考え

　Jさんは，摂食障害と診断されました。それほど深刻な状況ではなかったのですが，医師から食生活の改善のために入院を勧められ，1週間入院しました。担任のL先生は，この状況を，校内の生徒指導委員会で報告していました。
　その後，数日の自宅療養を経て，2週間ぶりに学校に復帰しました。入院中，看護師や公認心理師との面接もあり，進路の迷いがあることが保護者を通して担任のL先生に伝えられました（図4-1，スキル④）。援助チームでは，本人が比較的話しやすい養護教諭のK先生がJさんとの窓口，そして担任のL先生が保護者との窓口，SCのI先生は，ここではコンサルタントの役割に徹しました。

(4) Jさんの進路についての相談

　養護教諭のK先生はJさんが保健室に来るたびに，話をしました。体調のことや進路のことです。この高校は，2年生の12月に最初の「進路調査」があります。Jさんは，この用紙をK先生のところに持ってきて，「日本の大学には進学したくない」と声を振り絞りました。欧州で小学校時代を過ごしたJさんですが，家では日本語，また土曜日には日本語の補習校に通っていましたので，普段は他の生徒とまったく変わらない学校生活を送っているように見えましたが，やはり，日本で生活することに対する違和感や海外で勉強したいという気持ちがあったようです。養護教諭のK先生はそのことをJさんの保護者，担任のL先生に相談できるように，Jさんの背中を押しました。Jさんは，スマートフォンで海外の大学の動画を眺め，海外の大学への憧れを強めていました。しかし，保護者，特に母親に反対されていると言います。海外の大学への進学は，複雑なうえに，奨学金を得ることが必要であり，また，日本のカリキュラムは不利になるというのが母親の意見です。担任のL先生は

英語が担当で進路指導担当をしていることから，日本の大学の学部について多くの情報を持っていました。たとえば，日本で勉強しながら，海外の大学の卒業資格を提供する特別プログラムがある大学，留学生が半数程度在籍し，英語での講義をする大学もあることを教えてくれました。また，高校では理系科目を中心に履修をしていましたが，Jさんはそれもしっくり来ませんでした。Jさんのスマホで検索した海外の大学は専攻をひとつに絞らないことも魅力でした。Jさんは，理系科目への興味もありますが，同時に，音楽や映画なども好きで，さまざまな興味が広がっています。そんな，Jさんの興味について，L先生は，数はそれほど多くはないが専攻をひとつに絞らない学部や文理融合型の学部もあることを教えてくれました。Jさんは，保護者と相談し，日本の大学に進学することを決めました。留学生が多く，英語で授業をする文理融合の学部を選ぶことにしました。体調を気遣いながら，受験勉強をすることになりました。

(5) 事例の振り返り

　Jさんは，摂食障害の診断を受けましたが，その背景には感染症のまん延で留学や英語弁論大会が中止となり，得意な英語での進路の展望が閉ざされたことがありました。

　Jさんは，養護教諭が体型の変化に気づき，担任と保護者の太いパイプがあったことで，医療につながることができました。医療につながることで安堵感もあったのですが，Jさんの摂食障害の背景には，進路という課題がありました。SCがこれに気づき，また，担任が保護者との信頼関係を構築してくれていたことで，医師の助言も学校側に届きました。同時に，SCは，Jさんのことを学校教育の中で支えることは可能ではないかと考えました。Jさんの進路の展望が開けていきました。このようにSCは，外部の組織からの学校に対する支援の要望について，その真意を読み取り，その援助を確実に提供していくために，主張と交渉を重ねていくことが大事です。

6 チーム学校のためのスクールカウンセラーの主張と交渉

　本章では，チーム学校で子どもを支援するために，SCの主張と交渉のスキルに焦点を当てて，小学校，中学校，高等学校のSCの動き方について事例で示しました。SCが学校で出会うさまざまな子どものニーズは，家庭や福祉，行政，医療との連携が必要なケースが多いです。子どものウェルビーイングを高めるためには，学校はさまざまな機関と連携していく必要があります。学校でカウンセリングをベースとした援助サービスを提供するSCは，こうした状況の変化に合わせていかなくてはなりません。

　今後，SCは，学校コミュニティの全体に影響を与える専門職として，チームをつくり，援助のコーディネーションを行い，必要に応じてマネジメント，つまり学校管理者にも主張・交渉を行うことが求められています。こうした知見は，学校心理学（石隈・家近，2021）や，コミュニティ心理学（久田・丹羽，2022）などの領域で確実に積み上げられています。この先，SCがどのように主張や交渉をしながら子どもを支援しているのかについての実践知の蓄積が，ますます重要になっていくでしょう。

　また，SCは学校組織への支援を視野に入れた実践を積み上げ，その中からコミュニティとしての学校に関わる実践知を見出していく必要があります。教員やスクールソーシャルワーカー（SSW）などの他の専門職との共同での事例検討などの試みも実践されるべきだと思います。

引用文献

中央教育審議会（2015）チームとしての学校の在り方と今後の改善方策について（答申）（中教審 第 185 号）. https://www.mext.go.jp/b_menu/shingi/chukyo/chukyo0/toushin/1365657.htm（2024 年 6 月 7 日閲覧）
久田 満・丹羽郁夫（2022）コンサルテーションとコラボレーション. 金子書房.
家近早苗・石隈利紀（2003）中学校における援助サービスのコーディネーション委員会に関する研究. 教育心理学研究, 51, 230-238.
石隈利紀・家近早苗（2021）スクールカウンセリングのこれから. 創元社.
水野治久（2022）子どもを支える「チーム学校」ケースブック. 金子書房.

文部科学省（2022）生徒指導提要（改訂版）. https://www.mext.go.jp/a_menu/shotou/seitoshidou/1404008_00001.htm（2024年6月7日閲覧）
田村節子・石隈利紀（2003）教師・保護者・スクールカウンセラーによるコア援助チームの形成と展開――援助者としての保護者に焦点をあてて. 教育心理学研究, 51, 328-338.
田村節子・石隈利紀（2017）石隈・田村式援助シートによる子ども参加型チーム援助――インフォムドコンセントを超えて. 図書文化社.
東畑開人（2023）ふつうの相談. 金剛出版.
山口豊一・石隈利紀（2009）中学校におけるマネジメント委員会に関する研究――マネジメント委員会尺度（中学校版）の作成. 日本学校心理士会年報, 2, 73-83.

コラム 4

管理職の立場から

白厩郁子（札幌市スクールカウンセラー／元札幌市立小学校長）

　今の学校は，子どもたちの学習指導，生活指導に加えて，価値観が多様になる中での子ども理解や保護者対応の難しさ，さらには教員不足などさまざまな問題に直面しています。特に，数年間のコロナ禍においてさまざまな活動や交流が制限された影響もあり，不安や経験不足を抱えた子どもたちの心の成長をいかに促していくかは教育現場の大きな課題です。そして，そんな中で求められている「チーム学校」としての取り組み。教員として長く教育現場に身をおき，また校長として学校を運営したのち今はスクールカウンセラー（以下，SC）をしている私は「チーム学校」の推進においてSCのもつ可能性は大きいと考えています。

　多くのSCは非常勤であり，子どもの発達や心理に関する専門性をもち，他職との兼務など学校の職員でありながらも外部性ももつ立場であることが多いです。この「外部性」と「専門性」を生かして保護者や子どもたちの相談を受けながら，学校の中と中を，また中と外を「つなぐ」役割の一端を自然な形で担うことができるのではないかと思うからです。

　SCは相談を受けることが主な仕事です。子どもや保護者の悩みについて一緒に考え必要なアドバイスをすると同時に，その思いを整理して実際に日々関わる先生方に「つなぐ」関わりが大切です。先生方もまた，子どもとの関わり，先生同士の関わり，ご自身の悩みなどと向き合いながら多忙な生活を送る日々の中で辛い気持ちを抱えています。自身の悩みや弱音を聞いてもらいたくても，同じ教員同士では遠慮がはたらき，管理職には言いにくいこともあるでしょう。実際に先生方からは「誰に相談したらいいかわからない」という声を耳にします。そんなとき，利害関係のない，しかもこころの専門家であるSCには率直に自身の悩みを打ち明けてくれるかもしれません。専門性という意味では管理職とは異なる視点から，また外部性という意味では同僚同士とは違う視点からのSCの言葉は素直に受け入れられやすい傾向があります。SCから身近な先生への相談を促すことも「つなぐ」役割です。そのためにも，日ごろから先生方の様子や関係性にも目を配り声をかけて，少しずつ信頼関係を築いていくことが大切だと思

こんなスクールカウンセラーがうれしい

います。
　最近，保健室には身体だけでなく心の苦しさを訴える子どもの来室が増えています。養護教諭との情報共有はとても大切ですが，同時に一人職である養護教諭が人知れず困っていることがないように，折にふれて声をかけてもらえたらと思います。養護教諭の研修会でSCとしてお話をさせていただいたことがありますが，専門知識を求めていても学ぶ時間がない，保健室登校の子どもがいるが今の対応でよいのかわからない，担任にアドバイスしても届かないといった切実な声が聞かれました。対人援助職は自身の心の健康を大切にといわれます。SCが話を聴くことで少しでも気持ちが楽になれば子どもたちへの対応にもプラスになるのではないでしょうか。
　また，相談を受けた子どもや保護者を医療や福祉につなぐこともケースによっては必要になります。学校と医療機関，福祉機関，行政機関などの担当者が集まってのケース会議には積極的に参加し，連携を深める要になってほしいと思います。情報提供にとどまらず，検討された支援の成果と課題を定期的に把握でき，その後の微調整や再検討なども含めて俯瞰的に関わることができる立場として学校の中と外を「つなぐ」役割を担うことができます。
　管理職が思う「こんなスクールカウンセラーがうれしい」，実際には学校の風土や体制などもあり，早々にできることではないでしょう。それでも，そういった意識をもちながら可能性にチャレンジすることにやりがいを感じてもらえることを願っています。

コラム 5

教育相談コーディネーター・相談室担当教諭の立場から

森田十八（大東学園高等学校相談室担当教諭）

　私の勤務する高校は全校生徒900人規模の私立高等学校です。「人間の尊厳を大切にする」という教育目標を掲げ，日々，教育実践を行っています。中学時代にさまざまな挫折や傷つきを経験したことのある生徒も多くいます。逆境的な家庭環境がある生徒やさまざまな特徴を持った生徒も少なくありません。本校ではさまざまな教育的ニーズに応えるために，相談室を設置しそこに担任を持たず，教科も持たない相談室担当教諭を専任で配置しています。相談室の体制は相談室担当教諭，非常勤スクールカウンセラー（以下，SC）の2名です。私は教員免許と公認心理師，臨床心理士の資格を持ち，相談室担当教諭兼教育相談コーディネーターとして働いています。

　これまで，さまざまなSCの方と働いてきました。そんな中で「一緒に仕事をしていてとてもやりやすいな」と感じたSCはどの方も「翻訳者」としての能力が非常に高かったです。翻訳者としての能力は，対教員においても必要ですし，対生徒（保護者）においても必要です。相談室担当教諭はつねに心理的な援助と教育的な指導の狭間におかれます。心理的援助は相談場面ではSCが担うこともありますが，日常場面においてはどちらも教員が担うことになります。だからこそ，私たちの考える援助方針を教員に十分理解してもらう必要があるのです。相談室では個々のケースについて，そのケースの担当者のアセスメントに基づいてチームで援助方針を決めていきます。しかし，援助方針は基本的に私たち（相談室）の言葉で書かれており，教員がすぐに取り入れられるようにはできていません。そこで，その方針に基づいて教員が日常でも実践しやすいように，そして理解できるように教員の言葉に直して伝えていく必要があるのです。これがSCの翻訳者としての能力だと私は思っており，コンサルテーションにおいて最も重要な要素であると考えています。

　フィクションの事例を挙げてみましょう。週1回学校に来るのがやっとという不登校の男子生徒（高校1年生）がいたとしましょう。経済的に困難な家庭であり，母親，本人，妹の3人で生活しています。本人は家にいるときはゲー

こんなスクールカウンセラーがうれしい

ムをして過ごしているようで，学校には行かなきゃいけないと思っているものの昼夜逆転しておりなかなか登校することができません。教室ではあまり友だち関係もできず，本人は「教室に居づらい」ということを言っています。相談室は学校自体に安心できる人間関係も，安心していられる場所もなく，学校にいる間はつねに緊張状態が続いていることがひとつの理由ではないかと考えました。一方で，担任は家の居心地がよいことが原因で，本人が甘えていることが問題だと考えており，つらい状況においても踏ん張って学校に来ることこそが成長だと考えています。また，出席日数の点で進級できなくなくなってしまうことをとても気にしています。

　教員と相談室の見解に隔たりがあり絶望を感じてしまうような状態ではありますが，この中で教員と対立することにあまりメリットはなく，うまく合意を形成していく必要があります。このようなケースで翻訳者としての能力が問われると私は考えています。担任も「家の居心地がよいことが原因」と考えるくらいなので，裏を返せば「居心地がよければ来ることができる」という理解はあるということでしょう。つまり，私たちの考えている「安心していられる場所をつくる」ということにおいては合意を形成できる可能性が高いです。また，進級できる日数を考えながら焦ってくれるということは生徒本人に対して一定の愛情があり，「何とか進級してほしい」という気持ちがあることもうかがえ，これは最も強力な武器になります。

　このように，相手の状況や信念をうまく読み取り，翻訳者としての能力を発揮して，こちらの方針について合意をとるということができるSCがいたとしたら，こんなに力強いことはないでしょう。

第5章 困ったことが起きたときの主張と交渉

半田一郎

\ 1 / スクールカウンセラーにとって困ったこととは

　スクールカウンセラー（以下，SC）として学校に勤務していると，日常的に「困ったこと」が起きます。困ったことは，心理職としての支援のプロセスの内側でも外側でも生じます。たとえば，子どもとのカウンセリングで自傷他害の恐れがあるけれども，子どもは情報共有への抵抗が強い場合があります。また，不登校の子どもが学校への抵抗が強いにもかかわらず担任の先生が登校への働きかけに積極的な場合もあります。これらは支援のプロセスの内側で生じている困ったことです。しかし，これらはただの困ったことではなく，そこにこのケースの特徴が集約的あるいは象徴的に現れているのです。困ったと感じることこそ支援の焦点や手がかりなのです。丁寧に話を聴き，しっかりとアセスメントすれば，おのずと支援の方向性が見えてくるものです。

　一方，支援のプロセスの外側でも困ったことは生じがちです。たとえば，専用の相談室がないため，面接には特別教室や会議室を使っている学校も多いと思います。専用の相談室がないこと自体が，SCにとっては困ったことです。さらには，そういった部屋での面接は，物を取りにきた先生や子どもが急に入ってくることがあり，そういったこともSCとしては困ることです。また，面接が勤務時間中にびっしりと入っていて，情報共有やコンサルテーションの時間がないという学校もあります。それだけでも困ったことなのですが，こうなると情報共有のために勤務時間を過ぎても帰れない状況になりがちで，さらに困ってしまうことになります。他にも，予約の入っている生徒が登校しているにもかかわらず，予約の時間になっても来談しないという

こともあります。授業中であっても呼び出すべきか，キャンセルと扱うべきか判断がつかず対応に苦慮します。こういったことも困ったことの一例です。

こんなふうに，毎日のようにいろいろな種類の困ったことが起きるのがSCの日常なのです。しかも，SCはほとんどの場合，学校に一人だけの心理職です。困ったことが起きると学校ではSCだけが困っているだけの状況になりがちです。そのまま解決の糸口も見えずに仕事を続けなければならない状況にも陥りがちです。

ところで，こういった困りごとはSCが困るというだけではありません。最終的には子どもへの支援にマイナスの影響を与える可能性があります。そのため，解決に向けて何らかの動きをすることが求められるといえます。

＼2／　多くのスクールカウンセラーがストレスを抱えている

以上のとおり，SCはさまざまな困りごとに毎日のように直面しつつ勤務していて，一人で対処せざるをえないという状況にあります。それは，多くのSCにとって心理的な負担にもつながっています。たとえば，東京都のSCへの調査では，職場環境が原因で多くのSCがストレスを抱えていることが明らかとなっています（心理職ユニオン，2022）。特に，「職場においてストレスとなる要因があるか」という問いでは，87％からストレス要因があるとの回答が得られています。9割近いSCが「ストレス要因がある」との回答であることは，注目すべき結果だと思います。SCはだいたいみんなが職場にストレスがあるといってもよい割合だと思います。また，ストレスとなる要因として多かった回答は，「時間外の無償労働」「雇用の不安定さ」「社会保障がないこと」「教職員・管理職との関係」という結果だったとのことです。多くのSCは労働環境が適切ではない状況で困っているといえます。一人ひとりのSCが困っていることは，その学校と自分自身の関係性の中で生じていますが，広く見るとSC個人の個人的な問題ではなく，背景に多くのSCに共通する問題があることがわかります。

\3/ 困ったときは相談をすることが第一歩

　ところで，本書や本章のテーマは，「主張と交渉」です。しかし，困った場面や困った状況で最初に求められることは，主張でも交渉でもなく「相談」です。それは，どんな人でもどんな場合でも同じことだと思います。SCは専門職として他の人からの相談に応えることが仕事ですが，だからといって相談してはいけないということはまったくありません。SCも一人の人間として，相談することは自然なことです。SCも困ったときには相談することが第一歩です。

　しかし，相談できる人がいないと感じるSCは多いかもしれません。学校の中ではSCはただ一人の心理職なので，他の教職員にSCとして困っていることを理解してもらうのは難しいことが多いと思います。たとえば，予約時間になっても子どもが来談しないときの対応ではSCは非常に迷います。単に子どもが忘れているだけの場合もありますが，来談の必要性や意欲が低下した場合もあります。また，授業中に呼び出すのはその子どもにさまざまな負担をかけます。反面，次回のSC勤務は2週間以上先になることも多く，今回の予約時間は重要かもしれません。このようにかなり複雑な状況なのですが，それを専門性の異なるSC以外の教職員に理解してもらうのは難しいと思います。そのため，SCはどうしても学校内で相談することが難しくなりがちなのです。

　一方，学校内ではSCはただ一人の心理職ですが，学校外には同じSCとして勤務している多くの仲間がいます。仲間に日々の困ったことを話して相談することができたら，SCとしての困り感を理解してもらえ，自分自身でもうまく対処できる道筋を見つけられるかもしれません。

　ここで，私自身の体験を紹介します。文部省（当時）の調査研究委託事業開始の1995年から，千葉県内のある市で市独自のSC事業が始まり，私はそのSCとして勤務しました。その事業では，週3日，同じ中学校に勤務する形態で，初年度は市内の4つの中学校に4名が配置されました。当時は，まだ文部省のSC事業は始まったばかりで，SCの実践についての情報はほとんどありませんでした。また，文献も私立学校での実践についての報告が

少しあるだけでした。そのため，実際上まったくの手探りでのSCとしての実践になりました。学校での仕事の仕方についてもSCとしての支援についても，まったくわからないことばかりでの活動でした。そういった中で支えになったのが，同じSC仲間との連絡会でした。毎月1回数時間の連絡会が設けられていて，4名のSCが集まって情報交換をしたり，相談し合ったりすることができたのです。学校での相談の予約の仕方，相談室だよりの作成，相談室内の掲示物，学校との連携，担任の先生方との情報共有，行事への参加の仕方など，細々とした日々の具体的な活動での困りごとについて相談し，一緒に考えることができました。もちろん，4名のSCは誰も正解を知っているわけではなく，何らかの相談ごとは同じように悩んでいる状況です。それでも，一緒に悩み考えてくれることで，気づきが得られたり方向性を見つけられたりすることがよくありました。勤務している学校の中では一人ですが，同じSCの仲間がいることは本当に心強く感じました。

　こういったSC仲間の存在は，SC事業が30年近く経過した現在でも極めて重要だと思われます。たとえば，山崎・飯田（2020）では，SCを主なメンバーとして定期的に開催される「研究会」がコロナ禍におけるSCのサポートに重要な役割を果たしたことが報告されています。その中のアンケート結果では，困っていることとしてコロナ禍の中での「児童生徒へのかかわり」や「感染症対策」などが挙げられています。そして，具体的な情報共有だけではなく研究会内の安心できるメンバー間での気持ちの共有が求められているとのことです。やはり，SC仲間の存在がSC一人ひとりにとって大きな支えになっているといえます。

\4/ スクールカウンセラー仲間の重要性

　以上のように，SCにとってSC仲間は重要な存在です。ただ単に相談できる相手だというだけではなく，SC自身が自分が心理の専門職であるというアイデンティティを保つためにも重要だと考えられます。
　学校内でSCはちょっとした判断や行動も心理の専門職としての感覚や考えに基づいて行っています。しかし，他の教職員からはそれが理解されにく

いことも多いと思います。そのため、SCは自分自身の存在が専門職として認められていないというような感覚を持ちがちです。これは、専門職としてのアイデンティティの危機だといえます。

ところでアイデンティティは、時間軸と空間軸の2つの軸から捉えることができます（鑪，1990）。時間軸というのは過去の自分との連続性です。空間軸というのは、社会や自分の仲間関係の中での自分の位置づけです。学校内で他の職員から専門職として認められていないという感覚が生じることは、空間軸において危機が生じていると考えられます。そのときに支えとなるのが、SC仲間から同じSCだと認められる体験ではないでしょうか。SC仲間に相談をしたり、反対に相談を受けたりしながら一緒に悩み考える体験は、自分たちが同じSCであるという感覚につながります。その体験が心理の専門職としてのアイデンティティを支えることになると考えられます。

╲5╱ 主張と交渉に活かす心理職の専門性

以上のように、主張と交渉よりもまずは仲間との相談が重要なのですが、その相談の中で心理職の専門性を活かして考えることがおすすめです。せっかく培った心理の専門性を自分のために活かしていただくのがよいと思います。そのためには、まずはしっかりとアセスメントを行うことが重要です。そして、それに基づいて主張と交渉という働きかけを行うことが大切です。

(1) アセスメント

学校では毎日多くの人が関わり合って学校生活や職業生活を送っています。そのため、学校で生じていることは教職員や子どもたちの関係性の中で生じています。SCが直面した困ったことも同様で、さまざまな関係性の結果として生じていると考えられます。

❶枠組みから捉える

学校現場は、さまざまな枠組みが重なり合った場です。たとえば、生徒指

導という枠組みがあります。児童生徒の持ち物や行動など学校生活のさまざまな事象を対象としていて、望ましい状態が定められています。そして望ましくない状態が生じた場合の対応についても定められています。それらは基本的に教職員と生徒に共有されています。また、学年という枠組みがあります。その学年の児童生徒の学習や生活のさまざまな事象を対象としています。生徒指導に関わる部分は生徒指導の枠組みに重なっていますが、学習に関わる部分は生徒指導の枠組みとは重なりません。進路指導の枠組み、特別支援教育の枠組み、教育相談の枠組み、特別活動の枠組みなど、学校にはそのほかにもたくさんの枠組みがあります。それらは少しずつ重なりながら存在し、学校での教育活動の基盤となっています。

　スクールカウンセリング活動の枠組みも、学校の中にあるひとつの枠組みです。相談室内でのカウンセリングや教室での心理教育の授業、職員室でのコンサルテーションなどのさまざまなSCの活動が含まれています。

　SCが直面した困ったことは、どの枠組みの中で生じているのかを考えることがアセスメントの第一歩となります。

　たとえば、面接が勤務時間中にびっしりと入っている問題は、学校全体の枠組みと教育相談の枠組みで生じています。支援が必要な子どもたちにどのように支援を提供していくかは、学校全体として考えるべきことです。その中で、どの子どもにSCのカウンセリングを提供するのかは教育相談の枠組みで検討し運営していくことです。このように、困ったことが複数の枠組みの中で生じていることもあります。

❷相互作用から捉える

　学校ではさまざまな人が関わり合って毎日が進んでいます。SCの直面した困ったことも、その関わり合い、つまり相互作用の中で生じています。その相互作用を理解することも困ったことのアセスメントでは重要です。

　ところで、上述のように学校はさまざまな枠組みが重なり合って動いています。そのため、困りごとのアセスメントには枠組みごとにどのような相互作用が生じているのかを理解することが必要です。その困りごとをめぐって、ある枠組みの中でどのようなコミュニケーションが生じているのかを把握す

ることが重要なのです。

　たとえば，面接がびっしり入っていて情報共有やコンサルテーションの時間が持てないため，勤務時間を過ぎてから退勤していることを例に考えます。学校教育の枠組みでは，SCが勤務時間を過ぎてもコンサルテーションを行っていることが検討されなくてはなりません。そのことを，学校長が教育相談担当者とどのように話し合ったのか（学校長と教育相談担当者との相互作用）が重要です。

　教育相談の枠組みでは，コンサルテーションの意味や必要性についてどのようなコミュニケーションが生じているのかが重要なポイントになります。学校長と教育相談担当者が共通理解を持っておくこと（学校長と教育相談担当者の相互作用）が基盤となります。さらに，担任は当該生徒への指導や支援について自分自身で検討することが求められます。担任自身が自分の指導や支援についてどのように検討しているか（担任の内的な相互作用）はコンサルテーションの前提となります。その上で，教育相談担当者が担任とどのようにやりとりをしてその問題意識を共有できているか（担任と教育相談担当者との間の相互作用）も大切です。学校長から教育相談担当者に対して，支援が必要な生徒への支援の一環としてSCのコンサルテーションについてどのような指示があったのか（学校長と教育相談担当者の相互作用）も影響を与えています。また，学年主任が担任とその生徒への支援に関してどのようなやりとりを行っているのか（学年主任と担任との相互作用）も大切です。

　このように，ひとつの困ったことをめぐって複数の枠組みで相互作用が複雑に生じていることが考えられます。こういった相互作用をアセスメントすることが，困ったことへの主張と交渉の基盤となります。

（2）主張と交渉のポイント

　まずは，SCの困りごとについて，どの枠組みの中でどのような相互作用が生じているのかをもとにして，働きかける相手を考えます。最終的には，その枠組みで中心的な役割を果たしている人物に働きかける必要があります。

もし，少しずつ主張と交渉を進める場合には，働きかけやすい相手を選んで働きかけることもよいと思います。その枠組みの中での小さな変化は，相互作用の中で次の変化につながっていく可能性があるからです。

働きかける際には，まずは，ともに眺める関係を維持することが重要です。そして，主張と交渉を分けて意識して働きかけることがよいのではないかと思います。

❶ともに眺める関係を保つ

主張や交渉をするときには，こちらの要望を相手にわかってもらおうとして，必死になって相手に働きかけがちです。しかし，理解させようとすることは，相手をコントロールしようとすることにつながります。そういった関わりをもつことは，自分と相手の間にコントロールする側とコントロールされる側のような，一種の二者関係を生じさせます。相手はコントロールされることを避けようとして，関係そのものが切れてしまう可能性もあります。

そのため，二者関係になることを避けて，一種の三者関係である「ともに眺める関係」を保つことが重要です。ともに眺める関係とは，共通のテーマを頭の中に思い浮かべながら，そのことについて一緒に考えるという関係です（半田，2023）。同じテーマを一緒に眺めている相手と自分は，そのテーマに向かう協力関係を維持しやすくなります。

ここで，専用の相談室がない場合を例に考えていきます。「相談室を設けてください」と要望する関係はともに眺める関係ではありません。要望する側と要望を受ける側という二者関係になります。その結果，子どもの教育や子どもの利益に向けて一緒に協力するという関係性を阻害しがちです。一方，専用の相談室について一緒に話し合う関係は，ともに眺める関係です。専用の相談室が実現できるかどうかにはこだわらずに，専用の相談室についていろいろと話し合うことができます。たとえば，専用の相談室の利点，本来はどこにあるとよいか，相談室の広さや室内の設備はどうか，などについて一緒に思い浮かべて話し合いながら考えることができるのです。

つまり，単に要望を出すだけでは，現実的に実現可能かどうかという側面に焦点があたり，実現できないという現実を確認するだけに終わりがちです。

ともに眺める関係の中で相談室について話し合うことができれば，相談室の重要性について理解してもらうことができます。そして，現実的な問題が変化すれば，専用の相談室が実現する可能性もあると考えられます。

❷困り感の共有を目指した主張

　SCとして，困ったことの解決に向けて主張しようと考えると，要望を強調して伝えることになりがちです。しかし，前述のように要望を伝えることよりは，ともに眺める関係を保つことが重要です。まずは，SCとしての困り感について伝えて，それを一緒に思い浮かべてもらえるように働きかけることが重要です。それを通して困り感が共有されることを目指します。

　主張しようとすると，強く言わなければならないと思いがちですが，強く主張することよりもわかりやすく伝えることが大切です。SCは学校に一人の心理職のため，他の教職員とは専門性が異なります。専門性が異なるということは，その専門性の背景にある価値観や倫理観が異なるということです。そのため，心理職として困っていることが生じても，その困り感は他職種の教職員には伝わりにくいものです。そこで，その困り感を理解してもらうことが重要になります。

　困り感を理解してもらうには，困っていることを具体的に理解してもらうことが重要です。専用の相談室がなくて困るという例に戻れば，具体的にどう困るのかを理解してもらうことが大切です。たとえば，面接中と書いた紙を貼っていても，物を取りに部屋に入ってくる人がいる，かえって興味をもって様子をうかがってくる子どもがいて相談者が気になってしまうなど，専用の相談室がなくて困るということがどのように困ることなのかを具体的に伝えることが重要です。その上で，自分自身の困り感も言葉として表現して伝えることがよいと考えられます。たとえば，その場面で「（相談者に）申し訳なく感じる」「相談者が外を気にしていると様子があると，こちらも落ち着かなくなる」などと自分の感情を言葉で明確に伝えることがよいと思います。

❸目標の共有から現実的な対応に向けた交渉

　前項の困り感の共有は，いわば現在地の共有です。それができたら，次は目的地の共有から具体的な道筋を共有することを目指して交渉することになります。

　専用の相談室がないという困ったことの場合，目標は何でしょうか？「専用の相談室を設ける」ということだと捉えられがちかもしれません。実は，専用の相談室を設けることは手段であって目標ではありません。安心して相談してもらうこと，それを通して心理的な健康が高まる，心理的に成長するなどということが目標ではないかと思います。そのひとつの手段として専用の相談室が設けられているということのはずです。

　それぞれの学校には学校教育目標が定められています。たとえば，「個性を伸ばし，豊かな人間性のある生徒の育成」「人間性豊かでたくましく生きる児童の育成」といった目標が掲げられています。SCもチーム学校の一員として仕事をしていますので，各学校の学校教育目標はSCにとっても目標です。

　つまり，学校教育目標は最終的な目標で，それを目指してそれぞれの教職員がそれぞれの専門領域で仕事をしています。さらに，それぞれの専門領域ごとに目標があって，SCの場合は心の健康や成長が目標です。そして，それを目指す具体的な手段のひとつとして専用の相談室ということがあるのです。

　したがって，目標はすでに共有されているのです。だからこそ，それをお互いが確認できるように関わることが大切です。専用の相談室がないという困ったことに戻れば，SCとしてはカウンセリングを通して子どもたちの心の健康や成長を目指していることをあらためて伝えることがよいと思います。さらに，子どもの安心できる環境でカウンセリングが行われるからこそ，カウンセリングが心の健康や成長に役に立つものであることを説明することが求められます。そして，専用の相談室があることがカウンセリングを安心して利用することにつながる重要な条件であると説明することも大切です。これらは，すでに共有されている目標を確認しているだけですので，ほとんど異論を差し挟む余地はないと思われます。

とはいえ，目標は学校教育目標のように理念的，概念的なものです。目標が共有できたとしても現実的な問題が解決するわけではありません。目標に近づいていくために，具体的な解決策や対応策を考えることが必要になります。

専用の相談室は，校舎に空き教室がなければ実現できません。しかし，専用の相談室がなくても安全感や安心感のある空間を設けることはある程度できると考えられます。たとえば，曜日と時間を区切ってある特別教室をカウンセリング専用とすることは可能かもしれません。さらにその教室内にパーティションを設けて，廊下にいる人の視線から守ることも可能です。廊下との壁の窓にも何らかの目隠しを設置することも可能です。カウンセリングの場所に関して教職員に共通理解を図り，不要不急の場合にはその場所に近づかないよう児童生徒に意識づけを図ることもできると思います。このように，目標に少しでも近づくために，具体的で現実的な対応を一緒に考えることが求められます。

\6/ 事例から考える困ったときの主張と交渉

困りごとに対して，どのように主張と交渉を行うとよいのかを，筆者の実際の体験をもとにして報告します。それを踏まえて，主張と交渉のポイントについて考察します。

(1) 相談室内に関係ない物品が運び込まれていた事例

長期休み明けの最初の勤務のときに相談室に行くと，相談室に学習用の机が2つとパイプイスが3つ乱雑に運び込まれていました。それだけではなく，相談のテーブルの上には5～6個の段ボール箱が乗っていました。脇に寄せれば，相談のスペースはあるものの，相談室内の雰囲気が雑然としたものになるように感じられました。どう対処したらよいか困り，まずは教育相談担当教員（SCのコーディネーター）のA先生に話すことにしました。しかし，授業中に会うことができなかったため，SC一人で対処することになりました。

相談室内に整頓して目立たないように置いておこうかとも思いましたが，それでは相談室の雰囲気が変わってしまうため，自分で外へ運び出すことにしました。通行の邪魔にならないように壁に沿って並べて，「相談室にあった持ち主不明の物品をいったん運び出しました。あとでまた戻します。〇月〇日〇時SC〇〇」と少し遠目で見てもわかるように書いた紙を貼っておきました。

　数件の面接を行ったあとに，相談室の前で，机などの物品を一緒に眺めて，A先生と話をしました。SCから「相談室に置いてあったので，雑然とした雰囲気になっていたんです。困ったので自分で運び出しました。ここに置いておくのはよくないですか？」と問いかけると，A先生は「誰が置いたのかはわからないです。長期間，廊下にあるのはよくないんですが，ひとまずは仕方ないですね」とのことでした。SCから「すみません。またあとで相談室へ戻します」と話して，その場でのやりとりは終わりとなりました。その後，職員室でB先生から話しかけられました。B先生は「すみません。ちょっと置かせてもらうつもりだったんですが，そのまま忘れてしまっていました。あとで移動させますね」とのことでした。SCから「すみません。また次回の勤務日が〇月〇日なので，その日までに移動させてください」と話しました。その日は，物品を廊下に置いたままで最後の面接を終了し，その後，SCが物品を相談室内に運び込んで，勤務を終えました。なお，次回の勤務日には，置いてあった物品は相談室からどこかに運び出されていて，B先生から「すみませんでした」との挨拶がありました。

(2) 事例をもとに考える主張と交渉

　休み明けに相談室に関係のない物品が運び込まれていることは，ときどき生じる困ったことです。行事などがあるときに，使用した物品などをひとまず置いておく適切な場所が他にないため，一時的に相談室を使っているのだと考えられます。それ自体は学校の日常としてありうることです。しかし，物品がずっと置かれたままになっていて，適切に部屋が使えない状況になっているのは困ります。部屋の管理はSCではなく，教員（SCのコーディネーターなど）が担当していることがほとんどです。つまり，部屋の状況は教

育相談の枠組みとして整えていただくことが自然だと考えられます。

　そのため，この事例でまずはSCがSCのコーディネーターに話をしようとしたことは適切だったといえます。自分で運び出して廊下に置いたことは，安全面などから問題があります。張り紙をして一時的に置くことは，許容範囲であるともいえます。また，相談室から物品を外に出して張り紙をしたことは，それを目にした教職員に対するSCの主張となったと捉えることができます。

　紙には「持ち主不明の物品をいったん運び出しました。あとでまた戻します」と書いたのですが，本稿の主張と交渉の内容を踏まえると改善の余地があるといえます。「カウンセリングの場という雰囲気を保つため，夏休み前にはなかった物品を運び出しました」と書くのがよかったのではないかと思います。最初に目標を明確にするように書かれていますし，困り感（現在地）もある程度わかると思います。また，元の文面にあった「戻す」という言葉は，本来SCの枠組みで管理するものではない物品を管理するという意味にもなります。そのため，「戻す」と書いたことはあまり適切ではなかったといえます。また，この事態にどう対処すべきかは，教育相談の枠組みでの相互作用の中で決めるべきことですので，SCの判断で「戻す」と書く必要はないといえます。

　SCはその後のA先生とのやりとりの中で，「雑然とした雰囲気」「困った」と話しています。これは困り感（現在地）を伝えています。さらに張り紙と同様ですが，目標を「カウンセリングの場の雰囲気を保つために」と伝えるとよかったと思います。また，「ここに置いておくのはよくないですか？」と質問していますが，この部屋の管理はA先生に責任があるわけですから，もっと幅広く「こういう場合はどうすればよかったですか？」とA先生の判断を引き出してもよかったと思います。

　また，B先生に対しては，「すみません」と何度も言っていますが，必ずしも適切ではありません。SCが悪いという文脈を助長するからです。謝意を表わすためには，「お声かけありがとうございます」などと，B先生から言ってきてくれたことに感謝を伝えるのはひとつの方法です。また，SCの次の勤務日までに対処するように求めていますが，それではSCとB先生の

1対1の問題になってしまいます。教育相談の枠組みの中の問題として扱うためにも，「A先生と相談したのですが」などと付け加えて伝えるとよかったかもしれません。

7 最後に

今回，困ったことが起きたときにSCがどのように学校内で主張し交渉できるのかについて書かせていただきました。SCは専門職として自立して活動することが求められています。しかし，SCも一人の学校職員です。困ったときにはただ思いつくまま話すだけで，しっかりと理解されサポートされるような相談先が必要です。SCも一人の職員として，他の職員と同様に安心・安全な職場環境で働けることが重要です。職員としてのSCをサポートする仕組みをつくることが教育行政には求められていると思います。

また，それとは別にSC同士で相互につながりあえるSC仲間も極めて大切です。SC同士がつながる機会を教育行政が準備することが必要ですが，それだけではなく，SC自身が身近なSCとつながる機会を積極的につくっていくことも重要です。行政の枠組み外でのつながりがあることも，SCとしての安心や自信につながると思います。

引用文献

半田一郎（2023）子どものSOSの聴き方・受け止め方. 金子書房.
心理職ユニオン（2022）東京都スクールカウンセラー 労働実態調査 報告.
　https://www.shinrishiunion.org/_files/ugd/74313c_b2c6db5b84614ae5b6ed99e4c9511e8b.pdf（2024年6月7日閲覧）
鑪 幹八郎（1990）アイデンティティの心理学. 講談社現代新書.
山崎沙織・飯田順子（2020）コロナ禍におけるカウンセリング活動とそれを支える研究会の役割. 学校心理学研究, 20, 55-63.

コラム 6

養護教諭の立場から

山角亜沙美（札幌市養護教諭）

●ぜひ，情報センター「保健室」へ

保健室には毎日，お腹が痛い・ケガをした・身長を測りたい・教室へ行きづらい・お腹が減ったなど，いろいろな訴えで子どもたちが来室します。また，教職員はもちろん，学校医さん，地域の方，スクールソーシャルワーカー，そしてスクールカウンセラー（以下，SC）など，子どもたちに関わる大人もたくさん訪れます。つまり，自然と子どもたちの心身の健康に関わる情報が集まってくるのです。その保健室を運営しているのが養護教諭。全校の子どもたちを見ていることもあり，「この子って？」と聞かれたときには，養護教諭の記憶そして記録より，保健室からの情報を伝えることができます。SCと子どもについて話すことで，保健室情報はまたひとつアップデートされ，ネットワーク的に関係者へつながっていきます。ぜひ保健室に足を運んでもらえるとうれしいです。

●SCめがね

保健室を訪れる子どもたちは，自分の思いや，ときにはSOSを「相談したいです」と言語化できるかというと，必ずしもそうではありません。身体の不調や何気ない来室の様子が何らかのサインとして現れていることがあり，養護教諭の「何か気になる」から支援へつながることが多くありました。私が今まで出会ったSCは皆，その〝何か〟をいつも大切に扱ってくれました。「それってこういうこと？（見立て）」「ここも気になりますね（別の視点）」と。すると，その〝何か〟が整理され，次回その子と関わるときにSCと交流した視点で見ることができ，子ども理解やその後の支援の幅が広がりました。効果的なアイテム，SCめがね。どんどん貸し出してください。

●心と体の両面から支える最強タッグ

保健室にいると日々，心と体のつながりを感じます。なんだかずっと泣いている子に検温すると高熱だったり，心配事があると身体症状として現れていたり。身体的な症状に対して丁寧に問診を行い，そのケアができるのは保健室の強みです。あるとき，SCとの面談後に腹痛を訴える子がいました。その状況をSCと

こんなスクールカウンセラーがうれしい

養護教諭で共有し,「自分と一生懸命に向き合ったからかな?」と見立て,お腹を温めゆっくりする保健室での休養も込みで支援したことがありました。反対に,不定愁訴が続いている子へSCとの面談を勧めると,抱えているものとの付き合い方を心得たのか,身体症状の訴えによる来室が少なくなったことがありました。そんなふうに,SCと養護教諭はバトンを渡し合い,心と体の両面から支援ができる最強のタッグだと感じています。

●私たちだからできる心理教育

小学校の保健では,5年生で「不安や悩みへの対処」を学びます。授業中,「悩みなんて別にない」という子どもたち。しかし,担任から(事前に共有していた)保健室でのひとコマを紹介すると,「それならある!」と,漠然とした「悩み」という概念が子どもたち自身の生活や経験とつながることがあります。また,子どもたちが不安や悩みへの対処について学習したことを知っていれば,保健室で「対処法が活用できているか」「選択した対処法は合っているか」など,個々の状況に合わせて一緒に考えることができます。そんなふうに授業の内容と保健室での個別指導とがコラボレーションして,その子オリジナルの形になるよう支援する。これは,養護教諭だからこそできることだと感じています。同様に,たくさんの子どもたちや保護者とSCとして関わっているからこそ,その子(たち)に必要だと感じる心理教育があるのではないでしょうか。それが,校内でのさまざまな取り組みと線でつながっていくとよいなと思うのです。まずはそれぞれが必要だと思うことを語り合い,私たちだからできる,目の前の子ども(たち)に合った心理教育をともに考えていけたらと思っています。

●SCが困ったときにも,話せるとうれしい

一人職であることが多いSCと養護教諭は,その置かれた立場にも共通点があると感じています。校内で困ったことがあったとき,養護教諭はそういう意味でも共感できる一人であるはず。その思いが共有できると,実は心強く,うれしいです。

第6章 学校緊急支援に必要なスクールカウンセラーのスキル

提案・主張と交渉に焦点を当てて

窪田由紀

　災害，事件・事故後の学校緊急支援は，スクールカウンセラー（以下，SC）活用調査研究委託事業が開始された1995年の1月に阪神淡路大震災が起きたこともあり，早い段階からSCの重要な役割のひとつと位置づけられてきました。本稿では，学校緊急支援について，その活動の概要と特徴を明らかにした上で，迅速かつ的確に行うために必要なSCのスキルについて，提案，主張と交渉に焦点をあてて検討を加えます。

\1/ 学校コミュニティの危機

(1) 学校コミュニティ危機をもたらす出来事

　学校コミュニティの危機は，構成員の多くが強い恐怖や喪失を体験することによって生じます。具体的な出来事としては，大規模自然災害，児童生徒の自死，通学途上や部活中の事故，校外学習時の事故など学校管理下の事件・事故による児童生徒の死傷，夏休み中の事故や火災など，学校管理外の事件・事故による児童生徒の死傷，地域の衝撃的な事件，体罰・公金横領・ハラスメント等の教師の不祥事の発覚や教師の突然死などが挙げられます。令和元（2019）年末から突然世界を襲った新型コロナウイルス感染症の大流行（パンデミック）も，学校コミュニティに深刻な影響をもたらしました。
　私たちの研究グループ（樋渡ら，2016ほか）が行った大規模調査の結果，過去10年間に何らかの危機事案を体験した小中学校教師は927名（26.4％）に及び，学校危機への遭遇は決してまれではないことがわかります。比較的多くの教師が遭遇した事案としては，夏休み中の水難事故，自

宅の火災など，学校の管理責任外の事件・事故による児童生徒の死傷（312件），児童生徒の自殺・自殺未遂（227件），教師の不祥事の発覚（181件），登下校時の事故，部活動中の事故など学校管理責任下の事件・事故による児童生徒の死傷（168件）などが挙げられます。そのうち，児童生徒の自殺や教師の不祥事・突然死の場合，他の事案に比較して事案発生直後には，茫然自失状態と自責感が強く，学校が非難されていると感じやすいことや，教師の不祥事・突然死といった教師に関する事案の場合は，事案発生・発覚から1カ月後の教師自身の回復感が低いことが確認されています（樋渡ら，2016）。

(2) 学校コミュニティ危機への反応

　学校コミュニティ危機に遭遇した個人は，不安や恐怖，怒り，悲しみや抑うつ，無力感といった感情・心理面の反応，めまい，動悸，不眠，腹痛，頭痛などの身体面の反応，記憶の欠落・記憶力の低下，判断力・問題解決能力の低下などの認知・思考面の反応，攻撃的な言動や引きこもり，落ち着きのなさなどの行動面の反応を起こします。これらの反応の中で，強いストレスに曝された際に生じる感情・心理面，身体面の反応は比較的広く知られていますが，記憶や判断力の低下といった認知・思考面の反応への理解は十分とはいえません。管理職といえども，突然の危機的状況に遭遇して判断力が低下し，迅速で的確な指示が出せなくなることが起こりえます。これらが危機遭遇に伴う認知・思考面の反応と知っておくことで，管理職への非難によって教員集団がさらに混乱することを避けられます。

　集団・組織レベルでは，人間関係の対立，情報の混乱などが起こります（窪田，2005a）。もともとあった集団・組織内の葛藤が顕在化する，余裕をなくした個々人が自身と異なる反応を示す他者を受け入れられなくなる，他者に責任転嫁することで自身の安定を図ろうとするといったことなどから，人間関係の対立は容易に生じます。また，情報の混乱は，個々人の認知面，感情・心理面の反応による情報の錯綜や，情報不足に伴う不安から不正確・不適切な情報が蔓延することなどによって生じます。今日，これらがSNSに

よってあっという間に拡散し，二次的，三次的な混乱を招く事態となっています。また，当該校が過去に遭遇した事案やその折の学校の危機対応の状況は，学校と地域の信頼関係に影響し，過去の事案をめぐって不信感が潜在しているような場合には，新たに生じた危機事案を契機にそのような不信感が顕在化し，学校コミュニティの回復に阻害的に働く可能性があります。

(3) 特別な配慮を要する構成員に関する要因

ブロックら（Brock et al., 2009）は，学校コミュニティの危機に際して，特別な配慮を要する構成員について，近接性と脆弱性という概念を用いて説明しています。

❶近接性
1) 情緒的近接性：災害，事件・事故で亡くなったり大きな影響を受けたりした構成員と情緒的に近い関係にあること。
2) 物理的近接性：災害，事件・事故の現場を目撃する，音を聞くなど，災害，事件・事故の発生時に物理的に近くにいること。
3) 時間的近接性：時間的に近い過去に，当該事案とは関係がない他の外傷体験や喪失体験があること。

❷脆弱性
1) 内的な脆弱性：もともとの精神的な不安定さ，発達特性，過去の外傷体験などがあること。
2) 外的な脆弱性：家族からのサポートの欠如など。

このように，事案との直接的な関わりがなくても，多くの構成員が動揺する可能性があり，特別な配慮を必要とすることがわかります。

\2/ 学校緊急支援とは

(1) 学校緊急支援とは

　学校緊急支援とは，「突発的で衝撃的な事件・事故に遭遇して機能不全に陥った学校コミュニティが，児童生徒の反応を受け止め，健全な成長・発達を支援するという本来の機能を回復するために，事件・事故の直後に行う援助活動」（福岡県臨床心理士会，2001）です。個人の危機への直接的な介入ではなく，学校コミュニティが構成員に行う「危機対応」を後方から支援するもの（窪田，2005b）であり，藤森（2008）は「個のケア」に対して「場のケア」としています。山本（1986）からも明らかなように，コミュニティ心理学の重要なアプローチのひとつである「危機介入」は，当事者の主体性を尊重し，本来の機能を回復するまでの短期的な支援活動であるため，内容的には，「学校危機介入」ということができますが，「介入」という語の侵入的なニュアンスを排除し，あくまで学校コミュニティの主体性を重視することを明確にする意図からあえて「緊急支援」としました（福岡県臨床心理士会，2001）。

　わが国においては，阪神淡路大震災を機に，大規模自然災害など，突発的で衝撃的な出来事を身近に経験すると人々は心理的なダメージを負うこと，それに対する心理的支援が必要であることが，広く人々に知られるようになりました。同年の4月からSC活用調査研究委託事業が開始されたため，被災県には他都道府県に比して多くのSCが配置されるなど，冒頭で触れたように当初から危機後の心理支援はSCに期待される役割のひとつとされてきました。

　その後も1997年の神戸連続児童殺傷事件，1999年の京都市児童殺害事件，2001年の大阪池田小学校事件など，学校を現場とする衝撃的な事案が続いたこともあって，2000年ごろからは，全国各地で地域の実情に応じた学校緊急支援の体制づくりがなされるようになりました（福岡県臨床心理士会，2001；京都府臨床心理士会，2005ほか）。

(2) 学校緊急支援のねらい

　前項で示したように、学校コミュニティ危機に際して、児童生徒をはじめ、教職員、保護者などのコミュニティの構成員は個人レベルでさまざまな反応を示すほか、集団・組織レベルでも大きな混乱が生じます。これらは「異常な事態における正常な反応」ですが、適切な時期に適切な支援が得られないと重篤な精神疾患への罹患や行動上の問題、構成員間の対立など、個人やコミュニティに重大な影響を及ぼすことになります。

　そのような中での学校緊急支援のねらいは、次の3点です（窪田, 2005b）。第一のねらいは、「こころの傷の応急処置」です。すでに1970年代に危機後早い段階での支援について、心理学的応急処置と位置づけたネイルら（Neil et al., 1974）の文献が見られます。強い恐怖や大切な人の喪失など、危機的な状況に遭遇したことによる心の傷の回復には長い年月を要しますが、適切な時期に適切な対応を行うことで「不安と苦痛を和らげ、回復を促進する」ことを目指しています。第二のねらいは、災害、事件・事故を身近に経験したことによって生じる一次的な被害について、ダメージが大きい構成員を早期に発見し、適切な専門的・継続的ケアにつなぐことであり、「一次被害の二次予防」ということができます。第三のねらいは、情報不足や構成員の不安から生じる根拠のない噂や特定の構成員をスケープゴート化することによる二次被害を防ぐことであり、「二次被害の一次予防」ということができます。

(3) 学校緊急支援プログラムの概要

　プログラムの第一の柱として重要なことは、その段階でわかっている正確な事実を伝え、構成員で共有することです。事実と異なる噂の蔓延による二次被害を防ぐ意味でも早期の事実共有は欠かせません。その際、出来事で直接被害を受けた児童生徒や保護者の意向を尊重することは当然です。具体的な報告に際しては、子どもの反応が捉えやすく必要に応じて質疑応答が可能なように少人数で行うことや、想定される質問への応答については教職員の

間で話し合い，準備しておくことなどが重要です。

第二の柱は，資料に基づいて，危機事態で生じるさまざまな反応を具体的に示し，これらは「異常な」事態に対する「正常な」反応で大半は時間経過とともに終息すること，信頼できる人に話を聞いてもらうことや呼吸法などのリラックス方法を大切にすること，できるだけ規則正しい生活をすることなどの留意点を伝える心理教育です。これらの情報に触れることで，多くのもともと健康な人々は，自身の反応を理解し，自身で対処するという自己コントロール感を回復するとともに，重篤な反応を示している構成員のサポートを担うことも可能になります。

プログラムの第三の柱は，出来事についての各自の体験をありのままに表現する機会を保障することです。個々の構成員が，その出来事に遭遇して考えたこと，感じたこと，気になっていることや心身の不調などについて，ありのままに表現する機会を保障することは，辛い体験を一人で抱えて「危機を防げなかった」「自分に責任がある」といった否定的な認知に囚われ続けることを防ぎます。状況に応じて，アンケート，個別面談やグループセッションなどの形で提供可能ですが，あくまで「表現の機会の保障」であって，表現を強要することがあってはなりません。

(4) 学校緊急支援プログラムの標準的な流れとSCの役割

図6-1に，学校緊急支援プログラムの標準的な流れを示しました。プログラムでは学校コミュニティの構成員である教職員，児童生徒，保護者に対して，前項で示した，事実の共有，危機事態におけるストレス反応と対処方法に関する心理教育，危機状況下での各自の体験の表現機会の保障を行います。

❶事前の合意形成

当該校SCは，心の専門家として学校に配置されているものの，学校コミュニティの構成員の一人であり，自身も大きな衝撃を受ける可能性があることや，学校コミュニティ全体への支援を行うには当該校SCのみでは困難であることから，当該地域から他のSCも派遣されて，当該校SCとの役

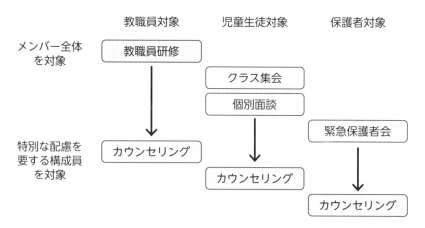

図 6-1 緊急支援プログラムの標準的な流れ

割分担の上でチームとして支援を行う体制が求められます（窪田，2005b）。事案発生後，迅速にチームが派遣されるためには，あらかじめ，地域の教育行政と職能団体の間で，学校緊急支援の必要性と具体的な動き方について合意し，体制を整備しておくことが必要であり，そのようなシステムの存在について学校（管理職）や当該地域のSCに周知されていることが前提となります。

❷校内対応チームでの検討

当該校SCを含む緊急支援チームは，管理職および学校を支援する教育委員会関係者からなる校内危機対応チームにおいて，当該事案に関する情報共有を行い，いつ，誰に対して何を行うかといった緊急支援プログラムの全体像についての助言（プログラム・コンサルテーション）を行います。当該事案について学校コミュニティの構成員と共有する内容もこのチームで検討します。

❸教職員への支援

これらの検討を経て，まず，教職員全体に対して研修を行います。身近な支援者である教職員が落ち着いて児童生徒に対応できるために，危機時のス

トレス反応と対処方法についての心理教育，児童生徒対応に関する具体的対応方法に関する助言を行います。あらかじめ想定される質問への回答も検討しておくなど，具体的な支援が重要となります。

❹児童生徒への支援

児童生徒に対しては，事実の報告，そのような状況下でのストレス反応や対処方法についての心理教育，各自の体験の表現機会の保障としてのアンケートや個別面談などを行います。具体的な方法は事案の特性に応じて，あらかじめ校内危機対応チームで決定されます。これらのプログラムは，校長による事実報告に続いて担任等が行い，SCはそのバックアップに当たります。担任等が気になる児童生徒については，SCが直接関わることも含めてその後の支援方針を検討する(ケース・コンサルテーション)ことになります。

❺保護者への支援

保護者に対しても，事実の報告と児童生徒が示しうる反応とそれに対する対処についての情報提供を行います。保護者間でもあっという間にSNSによる情報拡散がなされる今日，保護者自身が安心して児童生徒に向き合うためにこれらの支援が迅速に行われる必要があります。メールの配信，文書配布，保護者会の開催等，事案に応じてより適切な方法が選択されます。

❻SCの役割

SCはこれらの一連の過程で，危機対応チームにおいて当該事案に関する緊急支援プログラムの検討(プログラム・コンサルテーション)，教職員研修，心理教育資料の作成，児童生徒の理解と関わり方に関するコンサルテーション，保護者会での心理教育のほか，動揺の大きい構成員の個別支援などを行います。事案によりますが，外部から派遣された比較的経験豊富なメンバーがコミュニティ全体への支援に関わり，当該校SCは継続的支援が必要だと考えられる動揺の大きい構成員への支援を担うといった役割分担が一般的です。当該校SC自身のダメージが大きい場合はその限りではありません。

\3/ 学校緊急支援活動の特徴

　学校緊急支援活動は，突然の災害，事件・事故の発生・発覚によって開始される短期集中的な活動であり，日常のSC活動とは異なる特徴（窪田，2010）を持っています。

(1) 学校コミュニティの混乱の中でスタートする活動であること

　学校緊急支援活動は，突然の災害，事件・事故に遭遇して機能不全に陥った学校コミュニティの機能回復のために行う活動であるため，当然ながら，開始段階では構成員の多くが混乱した状態にあります。過去に学校コミュニティ危機への遭遇体験がない場合，管理職であっても動揺が大きく，的確な指示を出すことが難しい場合も少なくありません。通常時のSC活動は，基本的には学校のニーズ，要請に応じて行っているものですが，緊急支援時の学校コミュニティにおいては，コミュニティの混乱の結果，その時点での学校のニーズを把握し，支援を要請するといった機能が損なわれていることも多いのです。

(2) 深刻な事態につながる可能性があること

　突然の外傷的な出来事や身近な人の死（喪失）に遭遇することによって，一部の構成員が重篤な精神疾患や，最悪の場合，後追い自殺といった極めて深刻な事態につながる可能性があります。リスクの高い構成員を早期に抽出し，専門的・継続的なケアにつなぐことが求められます。

(3) 反応の予測に基づく活動が求められること

　学校コミュニティ危機は突然生じ，その結果深刻な事態につながる可能性が大きいため，その必要性はより大きくなります。限られた時間の中で迅速にアセスメントを行い，それに応じた支援を行う必要があります。事案の特

性に応じて，先行研究・事例を基に構成員や学校コミュニティに生じる反応を予測し，予測に基づいて活動を開始することが求められます。

(4) プログラム自体がアセスメントを内包した活動であること

　教職員研修，クラス集会，個別面談，保護者会は学校緊急支援活動の標準的なプログラムですが，プログラム自体，学校コミュニティ危機に遭遇した当該校の教職員，保護者，保護者の反応をアセスメントする場でもあります。身体的な外傷と異なり，外から見ただけで十分なトリアージが難しいことから，支援プログラムに対する構成員の反応からより精緻な見立てを行い，それに基づいてプログラムの修正を行います。このように，緊急支援活動はプログラム自体がアセスメントを内包しており，見立てと介入を繰り返す活動であるということができます。

(5) 学校コミュニティ全体を対象とした活動であること

　冒頭でも述べたように，学校緊急支援活動は，個人の危機への直接的な危機介入ではなく，コミュニティが構成員に対して行う危機対応を後方から支援するものです。したがって，その展開に際しては，児童生徒，教職員，保護者といった学校コミュニティの構成員個々人の状態にとどまらず，構成員相互の関係や学校コミュニティ全体の状況を踏まえる必要があります。中でも学校コミュニティの中核的な存在であり，児童生徒支援の直接的な担い手である教職員の状態は，児童生徒に直接的な影響を及ぼすことになるため，その的確な見立ては重要です。加えて，過去の危機事案をめぐっての不信感の顕在化による地域から学校への非難が学校コミュニティの混乱を助長し，回復を遅らせることがあることから，過去の事案の影響や日頃の地域との関係も含めて，コミュニティ全体をとらえた上での活動が求められます。教職員研修や保護者会などで集団全体に働きかけることはプログラムの重要な要素となっています。

(6) 学校，教育委員会などとの協働作業であること

　学校コミュニティ危機に際して，事案によっては当該校SCの勤務日，勤務時間増で対応される場合があります。その場合も，勤務日や勤務時間を超えてSCが勤務するには，学校や教育委員会からの要請が必要となります。外部から当該校SC以外のSCが入るためには，学校，教育委員会から派遣要請がなされる必要があります。このように，そもそも学校緊急支援活動はその開始自体，事前の協議・合意形成も含め学校，教育委員会との協働によるものといえます。

　活動開始後も，当該事案の背景や事案発生・発覚後の状況，過去の危機遭遇事案，日頃の教職員相互の関係性，学校と地域の関係などに関する情報は，学校コミュニティの混乱を予測する上では欠かせず，これらの情報を得るには，当該校の教職員，SC，教育委員会担当者の間の協働が必要です。

　また，児童生徒への直接的支援の大半は，担任等の教職員が担っており，担任等による個別面談後のケース・コンサルテーションにおいて，動揺の大きい児童生徒のその後の対応について検討する際にも，担任等からの日頃の様子に関する情報は，徐々に安定すると考えて様子を見るのか，早急に専門的ケアにつなぐことが必要なのかを判断する上で重要です。このように特に児童生徒支援については教職員との協働は必須となります。

\4/ 学校緊急支援活動に必要な提案，主張と交渉のスキル

(1) 学校緊急支援活動における提案，主張と交渉

　災害，事件・事故後に迅速に学校緊急支援活動が開始されるためには，あらかじめ学校，当該地域の教育行政と職能団体との間で合意されている必要がありました。当該校SCの勤務時間増や他のSCの派遣には予算が伴うものであり，その合意形成の過程では，教育委員会担当者と職能団体の役員との協議がなされ，双方からの提案や主張，交渉が行われてきた経緯が想定さ

れます。

　事案発生後の学校緊急支援活動においても，日常のSC活動とは異なった関わりが求められます。不登校支援やいじめ対応などについては，多くの教職員は一定の経験値を持っており，それを前提にチームでの協議を行いますが，先に述べたように，学校緊急支援活動は突然の衝撃的な災害，事件・事故を契機に始まる活動であり，管理職を含めて教職員の多くが未経験な事態で，教職員自身も動揺した中での取り組みとなります。勢い，日常のSC活動に比較して，SCが専門家として学校コミュニティの状況を見立て，それに応じた具体的な支援プログラムを提案する機会が圧倒的に多くなります。筆者自身，緊急支援に入った学校の教職員から，自分がこれまで知っていたカウンセラーとタイプが違うといわれたことがあります（タイプの違いではなく文脈の違いだと説明はしましたが）。

　SCの提案が，まずは管理職を中心とする校内危機対応チームにおいて納得がいくものとして受けいれられなければならず，そのためには，適切に主張したり，場合によっては交渉したりすることも必要になります。

(2) 提案，主張と交渉の前提

❶SC自身が安定して存在すること

　繰り返し述べてきたように，突然の危機に遭遇した学校コミュニティは混乱しており，教職員は自身の動揺の中，児童生徒を受け止め支援することについての大きな不安を抱えています。そのような状況下でのSCは，まず，自身が安定して存在することで，教職員に安心感を与えることが重要です。具体的には，落ち着いた雰囲気，穏やかな口調を心がけ，緊急事態だからといって慌ただしく動き回るようなことを控えることでSCの安定感を示すことができます。

❷根拠に基づく適切な内容を提案すること

　学校コミュニティ危機時に学校に入ったSCは，まず管理職等からなる危機対応チームにおいて，事案の詳細やその時点までの学校コミュニティの状

況を確認したのち，今後起こりうる構成員の反応とそれを踏まえて実施すべき緊急支援プログラムの内容について提案を行います。SC自身のそれまでの支援経験，文献や研修によって獲得した知識など，専門的な知見に基づく根拠のある提案を行うことが必要となります。

　その後の研修（多くは職員朝礼の中で）でプログラムについて教職員全体と共有し，児童生徒への対応について具体的に説明します。その際，危機状況下でのストレス反応と対処方法についての情報を，教職員が自身の反応と照らして理解できるよう伝えることができると，教職員は見通しが持てて不安が軽減されるとともにSCの発言への信頼感を高めることにもなります。

❸簡潔で明確なわかりやすいコミュニケーションを心掛けること

　構成員の多くが混乱している状況下では，情報の錯綜や取り違えを防ぐ意味でも，簡潔かつ明確な内容を，ゆっくりとわかりやすく伝えることが日頃に増して重要になります。その際，必要な事項をコンパクトにまとめた資料を用いることも有効です。

❹相手の不安・懸念を十分聴くこと

　学校危機時には亡くなったり大きな影響を受けたりした構成員との直接的なつながりにかかわらず，多くの構成員に動揺が起こり得ます。したがって，私たちは，事案によって異なるものの，基本的には当該学級，当該学年に限らず，学校全体を対象にプログラムを行うことが必要だと考えています。しかしながら，そのような提案をした際に，「知らせることでかえって児童生徒を不安にさせるので，当該学年以外は通常授業を行うほうがよいのではないか」「事実の報告のあと，心身の不調がある場合には担任に申し出るようにとアナウンスすれば十分で，アンケートや個別面談は不要なのではないか」といった発言がなされることがあります。

　このような発言の背景には，教職員自身，児童生徒の反応を受け止めることに不安があり，できるだけ児童生徒の動揺を見ないようにしたいという心理が働いていることがあります。このようなときには，教職員の不安や懸念を丁寧に聴き，それに応じて，児童生徒の話の受け止め方に関するさらなる

説明を補ったり，SCがバックアップすることを伝えたりして教職員の不安の払拭に努めることが重要です。「多くの児童生徒が動揺している可能性があるので，すべての児童生徒に支援が必要」といった正論を述べて説得しようとするだけでは望ましくありません。

なお，このように管理職や教職員と合意が難しい場合に，SCとして必要と考えるプログラム実施に際して主張や交渉をする役割は，その後も継続的にチーム学校の一員として学校に関わる当該校SCではなく，外部から派遣されたSCが担うことが望ましいと思われます。

(3) 提案，主張と交渉のスキルを発揮するための日頃からの備え

❶教職員の信頼を得る

学校コミュニティ危機という状況下で，自身も大きく動揺している教職員にさらなる負担を強いることにもなる児童生徒対応のプログラムを提案し，合意を得るには，そもそもSCが専門家として教職員の信頼を得ている必要があります。当該校SCがそれまでに学校の中で得ている信頼は，危機時の当該校SCのみならず，外部から入るSCへの信頼にも大きく影響します。したがって，日頃からSCとして，教職員の信頼を得る努力を重ねておくことは，危機時のSCの提案や主張，交渉がスムーズに行われ，意味のある支援を提供するためにも役立ちます。

筆者が緊急支援に携わり始めた当初は，小学校にはSC配置はなされていなかったため，教職員にとってSCはまったく馴染みのない存在でした。少しでも安心して受け入れていただくために，知り合いの小学校教員を通して当該校教員に「SCは怪しい者ではないこと」を伝えてもらったりしたことを記憶しています。

❷学校コミュニティ危機時の構成員の反応と対応方法についての専門的知識・スキルを蓄積する

前節に主張と交渉の前提として記載した，SC自身の安定や根拠のある提案が可能になるためには，当然ながらSC自身が学校コミュニティ危機時の

表6-1　自死事案への緊急支援依頼時のSCの思い（窪田ら，2016）

心理的反応	43	緊張，不安，驚き，混乱，動揺，戸惑いなど
支援への不安・緊張	27	どう対応すべきか，自分にできるのか，持ちこたえられるのかなどの不安
とにかくやるという思い	18	やるしかない，責任感，できる範囲でするなど
現実的対処	13	知識の確認，事前準備など
不安なし	8	ひとりでないので安心など
当該校SCとしての思い	6	不全感・自責・無力感，ショックなど
関係者への思い	3	生徒・状況への思い
積極的関与	3	学びたい
その他	1	覚えていない

構成員の反応と対応方法についての専門的知識を持っている必要があります。具体的には，研修会に参加したり，文献や事例に多く触れたりして，知識やスキルを蓄積しておくことが求められます。個々のSCが，危機対応の実践経験を多く積むことは難しいため，研修会で事例報告を聞いたり，演習で模擬的に対応を経験したりなどして，できるだけ実践的な学びを重ねることが望ましいと思われます。

　表6-1に，緊急支援経験を持つ臨床心理士対象の調査において，自死事案への緊急支援の依頼を受けた際の思いをまとめたものを示しました。不安や緊張，自分でできるのかという強い不安，さらに当該校SCは「防げなかった」という自責を抱えています。そのような中，「やるしかない」と覚悟を決め，「冷静にならねば」「事前準備をせねば」と現実的な対処を行って，支援に臨んでいることがわかります。過去の研修資料や文献の確認といった現実的な対処や，チームで入ることの安心感が不安の軽減に役立っていることがうかがえます。

❸地域のSCのネットワークに参加する

　学校緊急支援の実施体制は，地域の実情に即して異なっているため，文献や全国規模の研修会における学びだけでは，緊急支援活動への備えとしては

十分とはいえません。地域のSC研修会には積極的に参加してSC同士の顔が見える関係を築くことや，SCのスーパーバイザー（以下，SV）など経験豊富なSCから，当該地域の学校緊急支援体制や過去の支援事例についての話を聴いておくことは，学校緊急支援活動のイメージをあらかじめ描いておくために有用であり，またチームで学校に入った際にスムーズに協働することにもつながります。筆者自身は，緊急支援に入る際には，ともに学校に入るSCの他のSCにバックアップを依頼し，支援の途上で必要な資料を送ってもらったり，支援の方向性について迷いが出た際にオンコールで相談に乗ってもらったりしていました。そういうことを依頼できる関係性を日頃から築いておく上でも，地域のSCネットワークへの参加は役に立ちます。

❹地域の学校緊急支援体制の構築に関与する

全国の職能団体を対象にした調査によれば，災害，事件・事故発生時のSC活動に関して職能団体と教育委員会で共有する体制が「ある」との回答は24都道府県で約半数（51.1％）となっていました。また，都道府県政令市の教育委員会では，災害，事件・事故発生時には，緊急に当該校SC以外の追加配置（65.6％），当該校SCの時間増で対応（55.7％）となっており，職能団体を通しての依頼との回答は23.0％に過ぎず，当該地域のSCSVの派遣（50.8％），当該校以外のSCへの直接的な連絡（50.8％）が半数以上を占めていました（文部科学省，2022）。

このように，地域の心理職能団体と教育行政との組織的な学校緊急支援体制の構築はいまだ道半ばという現状があります。学校危機時のSCの派遣，配置に関してあらかじめ合意形成がなされていれば，危機事案の発生・発覚直後から迅速に支援が開始できますが，そうでなければ，事案ごとにプログラム実施の前段階としての提案，主張，交渉のプロセスが必要になります。

日常的に，地域のSCネットワークにおいてSVなどを中心に地域の実情に即した学校緊急支援体制のあり方について検討を行い，教育行政との協議の場で提案，主張，交渉を重ねて体制を整備していくことは，事案発生後のスムーズな支援開始を可能にし，早期に具体的なプログラム内容に関する提案，主張，交渉に至ることにつながります。個々のSCがそれぞれの立場に

応じて地域の体制整備に関わっていくことは，学校緊急支援時の自身の動きやすさにつながることはもちろんのこと，日頃の臨床活動にも資することを知っておいていただきたいと思います。

\5/ まとめ

本稿では，学校緊急支援活動において求められる提案，主張と交渉のスキルについて検討してきました。これらのスキルは，学校緊急支援活動といった通常のSC活動とはかなり異なる面が多い特殊な活動においては必須のものといえます。一方で，SCがチーム学校の一員として学校における正式な職として位置づけられ，ごく一部の自治体では常勤化がなされるようになるなど，いわばSCの社会化が進んできた今日では，すべてのSCが標準装備すべきスキルだということもできるでしょう。多職種連携教育なども含めて，養成過程からの取り組みが求められます。

引用文献

Brock, S. E., Nickerson, A. B., Reeves, M. A., Jimerson, S. R., Lieberman, R. A., & Feinberg, T. A. (2009) *School crisis prevention and intervention: The PREPaRE model*. National Association of School Psychologists.
藤森和美（2008）学校管理下で生徒が亡くなる困難事例への緊急支援について――「場のケア」の問題と課題．武蔵野大学心理臨床センター紀要，8, 1-10.
福岡県臨床心理士会（2001）学校における緊急支援の手引き．
樋渡孝徳・窪田由紀・山田幸代・向笠章子・山下陽平・林 幹男（2016）学校危機時における教師の反応と臨床心理士による緊急支援．心理臨床学研究, 34, 316-328.
窪田由紀（2005a）学校コミュニティの危機．福岡県臨床心理士会（編），窪田由紀・向笠章子・林 幹男・浦田英範（著）学校コミュニティへの緊急支援の手引き．金剛出版, pp.22-44.
窪田由紀（2005b）緊急支援とは．福岡県臨床心理士会（編），窪田由紀・向笠章子・林 幹男・浦田英範（著）学校コミュニティへの緊急支援の手引き．金剛出版, pp.45-76.
窪田由紀（2010）学校緊急支援活動におけるアセスメント．松本真理子・金子一史（編）子どもの臨床心理アセスメント．金剛出版, pp.133-139.
窪田由紀・樋渡孝徳・山田幸代・向笠章子・山下陽平・林 幹男（2016）学校危機への緊急支援における心理士の反応と困難（1）――児童生徒の自殺後の緊急支援の場合．日本心理臨床学会第35回秋季大会発表論文集, 148.
京都府臨床心理士会（2005）学校における緊急支援――緊急時に携わるスクールカウンセラーに

向けて.
文部科学省（2022）令和 3 年度いじめ対策・不登校支援等推進事業報告書「スクールカウンセラー及びスクールソーシャルワーカーの常勤化に向けた調査研究」報告書.
Neil, T., Oney, J., DiFonso, L., Thacker, B., & Reichart, W. (1974) *Emotional first aid.* Kemper-Behavioral Science Associates.
山本和郎（1986）コミュニティ心理学. 東京大学出版会.

コラム 7

こころの授業で学校を変える，クラスを変える

ぱんだ先生（太田滋春）

（さっぽろ CBT Counseling Space こころ sofa 代表／株式会社ぱんだメンタル 代表取締役）

　私はこれまで予防教育として「こころの授業」に力を入れてきました。子どもたちや先生方に変化を起こしうるにはどんな視点でこころの授業を展開したらよいか，複数校で継続的に取り組んできた「ぱんだ先生のこころメンテ」の試みを紹介します。

【こころの授業のテーマの設定】

1　アセスメント：困り感をリサーチする
　　例）発表するのが苦手な子や，緊張する場面で委縮する子が多い。
2　仮説を立てる：緊張のほぐし方を学ぶことができたら発表へのチャレンジがしやすくなるのではないか？
3　ターゲットスキルの設定：リラクセーション法を学ぼう
4　心理教育のポイント設定：
　　1）はじめてのこと，苦手なことに取り組む際には緊張する
　　2）緊張したまま取り組むと失敗の確率が高くなる
　　3）いったん落ち着いて取り組んだら結果はどうだろう？
　　4）身につけよう！　スクールカウンセラー(以下，SC)がおすすめするリラックススキル！
5　ワークの設定：
　　1）個別ワーク：まずは一人で取り組もう！　リラックス呼吸法＆筋弛緩法
　　2）ペアワーク：スマイルトレーニング
　　3）グループワーク準備：3分間で自分なりのリラックス法をたくさんあげてみよう
　　4）グループワーク実施：グループであげたものを発表しあおう
6　まとめ　リラックス法でいったん落ち着いてから行動することが大事。落ち着いたらいろいろうまくできることも増える

【こころの授業で得られる変化】

　子どもたちにとっては，体験的に学ぶことでストレスケア行動の変化が生じや

スクールカウンセラーのとっておきのコツ

すくなる。また，SCはどんな人で，相談したらどんな関わりをしてくれそうかを知ってもらえる。その結果，SCへの援助要請行動が増えるきっかけにもなる。

先生方にとっては，SCがどのような発想で，どのように関わるのかといったことを知ってもらえる結果，共同的な動きにつながることも期待できる。

【変化が生じるこころの授業のために大切にしていること】

エビデンスがあるスキルを紹介することで，心理学は生活の役に立つんだという体験をしてもらう。

1 専門用語をそのまま使わず，子どもがつい使いたくなる表現を用いる。
　例）あたたかい言葉かけ⇒「ほめっせーじ」と「だめっせーじ」
2 記憶に残るような仕掛けとしてあえて〇〇を例に使う。日常生活で〇〇を契機に思い出してもらえる。
　例）パンダが伝えるこころメンテ⇒「パンダ」を契機にこころのケアを想起

【予防教育のフィールドをYouTubeへ】

「こころの授業」で予防教育を展開する中でのコロナ禍，札幌では全国に先立って臨時休校となり，セルフケアやストレスケアが必要なときに届けられないという事態に陥りました。「予防教育として何かできることをしたい！」とスライドを作って学校に届けました。「他に何ができるのか？」と歩み出したのがYouTubeです。YouTubeであれば，こころの授業で実践してきた予防教育をより枠組みに捉われず多くの方に届けることができると信じて，日々，試行錯誤しながら「ぱんだ先生のこころメンテ」を配信しています。

★YouTubeチャンネル
心理カウンセラー
ぱんだ先生のこころメンテ

第7章 伝える，つなぐ，対話する スクールカウンセラーになるには

佐藤由佳利

\1/ スクールカウンセラーは一日にしてならず

　この本を読んでくださっているスクールカウンセラー（以下，SC）の方は，学生時代，学校での心理実習を経験しているでしょうか。この本を読んでくださっている教員の方は，SCの実習を引き受けたことがあるでしょうか。

　実は，これだけSCが普及しているにもかかわらず，大学の臨床実習において学校での経験を積んでいる大学生や大学院生は多くはありません。

　理由は簡単です。学校に学生を指導できる時間的余裕があるような臨床心理士や公認心理師がいないからです。そして教育実習のようなシステムが構築されていないので，実習先の確保は大学教員の個人的な努力にかかっているといっても過言ではありません。その結果，学校という大海で泳いだ経験もないままに，心理職はSCを始めるわけです。しかも多くのSCは教育実習の経験もなく，いわば自分が生徒として在籍していた以外，学校との関わりがないままに仕事を始めます。

　臨床心理士も公認心理師も汎用性のある資格で，医療・福祉・産業・教育・司法の5領域にまたがった教育を受けてきています。心理のジェネラリストとして育ってきているわけですが，その中でも重視されているのは医療です。公認心理師養成のカリキュラムでは医療機関（病院または診療所）での実習は必須となっています。そしてそれ以外の分野のうち2分野の実習をします。ですから教育分野の実習を経験していない学生もいるわけです。岡本・佐藤（2019）の調査結果によれば，スクールカウンセリング実習をしている大学院は47.7％にすぎません。将来，SCになりたいと思う学生は教育分野での実習を希望しますが，そもそも学校現場での実習が用意され

ていなかったり，希望がかなわなかったりすることもあります。また，はじめは医療や福祉に勤務していたけれど，何らかの事情で途中でSCを始める人も多くいます。

　SCになるために，もうひとつ，大きな問題があります。それは，従来の臨床心理学では，個人の心理療法を主軸に教育を行ってきたということです。しかしスクールカウンセリングでは，学校という組織の一員となり，教員と連携協働していく必要があります。また学校にはその学校独自の雰囲気があり，地域差もあります。それらを踏まえて活動していく必要があります。しかし，こうした対組織の中での動き方，組織心理学については授業が設けられていませんでした。この科目を教えられる大学教員は少なかったのです。

　ここまで読んで，SCの方々は「そうそう，そうなの，それで困っている」と思うでしょうし，教員や保護者の方は「ええ，そうだったの!?」と思っているのではないでしょうか。

　この章ではSCのみならずカウンセラーが要支援者のためにどのように周囲に主張・交渉していくか，またそうするために，どのような知識や訓練が必要なのかについて記していきます。

\2/ カウンセラーは人と人との間に橋をかける

　人は恥ずかしかったり，自信がなかったり，こだわりがあったり。さまざまな理由で自分が本当に思っていること，考えていることをうまく表現できないことがあります。カウンセリングではそうした流れをせき止めている石をひとつずつ取り除き，その人，本来の流れを促していきます。そうするとコミュニケーションという川が自然に流れていき，いったん流れ出すと，生徒も保護者もいろいろな人とつながり，社会とつながっていくことができます。カウンセラーとは，人と人（あるいは組織）の間に入り，どんな石があり，何が障壁になっているのかをアセスメントし，それを取り除いていくことで，人や組織が潤滑につながっていけるようにするお手伝いをする仕事といえましょう。

　では何と何をつなぐのか。その例を順に挙げていきます。

(1) 異なる業種をつなぐ

　以前，医師の診察場面でこんな光景を見たことがあります。患者さんは30代の男性で，職場でうまくいかなくなり，心配した上司に精神科受診を勧められ来院しました。患者さんが診察を受けている間に上司から病院に電話が入りました。上司は会社での経緯について伝えて診察の参考にしてもらい，なんとかこの部下が会社でうまくやっていけるように医師からアドバイスが欲しいと思ったのです。医師は看護師に「あとでこちらから電話するからと伝えて」と言いました。少したつと，上司からはまた電話がかかってきました。医師は「そんなに心配なら，ついてくればいいじゃないか」と怒り出しました。医師にすると，診察に集中しているのに，それを中断されたのは迷惑だったのかもしれません。

　また，こんなこともありました。ある高校で，生徒が精神科を退院して，登校してくることになりました。学校は病院に連絡を取り，「学校でどんなことに気をつけたらいいでしょう？」と聞きました。医師は「見守ってください」と答えました。担任は，見守るって，何をすればいいのだろうと途方にくれました。

　どちらの例も，異なる職種が共通言語をもたず，お互いの職種や現場への理解をもたないために，せっかくの思いが功を奏しなかったのです。

　前者の例では，医師にとって必要な情報がどんなものなのかがわからないと，的確な情報を伝えることができません。産業医や産業カウンセラーがいれば，あらかじめ情報提供書を作成しておくことができたのではないでしょうか。

　後者の例でも，医師は学校がどんなところなのか，教員に何ができるかわからないので，「私たちは何をしたらいいでしょう？」と聞かれてもわからないわけです。SCなら，「授業時間はこのようになっていますが，朝から普通に登校してもらっても大丈夫でしょうか」とか「学校にいる間に服薬する必要はありますか」とか具体的に聞くことができます。

　そのように考えると，心理職はいわば他職種の間に橋を架ける通訳者ともいえそうです。職種が違うと，使う言語が違い，うまくコミュニケーション

が取れずに，実際にはみんなが要支援者のことを考えているにもかかわらず，それぞれのもっている力が増幅していかないということは，よくあることです。こういう多様な場を上手につなぐのが心理職の役割といえましょう。心理職は汎用性のある資格といわれていますが，医療にも教育にも福祉にも産業にも司法にもまたがった知識をもっているからこそこのように異なる業種をつなぐことができるのです。

　学校が，何らかの発達や精神の問題があると思われる児童生徒を外部機関につなぎたいと思うことがあります。どんな機関があり，それぞれがどんな特徴があり，そこにどんな支援者がいるのか。それを知っていると知っていないのとでは大違いです。この子をつないだら，教育センターはどんな動きをするのか，病院ではどんなことを言われるのか，地域にどんな放課後等デイサービスがあって，それぞれはどんなサポートをしてくれるのか。保護者がDV（配偶者間等暴力）にあっているとわかったらどうしたらよいのか，保護者の精神疾患が子どもの養育にどんな影響を及ぼしているのか，保健師が押さえている情報はあるのか。SCがこうした学校臨床以外のことを知っていることが，社会の一員である子どもや家族を理解し支援することに役立ちます。

（2）保護者とつなぐ

　ある小学校で，落ち着きのない子がいました。学校では，教育関係の相談機関につなぎたいと思っていましたが，保護者は今までのいきさつから，学校不信が強く，学校から勧めるのが難しい状態でした。そこでSCがまず，保護者と会うことになりました。会ってみると保護者は，問題意識をもっていないわけではなく，すでに児童精神科に予約をしていました。SCは，保護者と話していて，子どもの能力が高く，保護者も子どもに期待していることを感じました。その一方で，保護者の側は学校の対応のせいで問題行動が起きていると考えており，障害受容は今の段階では難しそうだと見立てました。予約している児童精神科の医師は，早急に障害告知はせず，ゆっくりと進めてくれる人なので，この親子には合っているのではないかとも考えま

した。逆に，学校が勧めたいと思っている教育相談機関は継続面接にならないことや，この時点では保護者が学校等の教育機関に不信感を抱いていることからも医療機関受診を支持することにしました。面接終了後，こうしたアセスメントを担任に伝えました。実は担任は医療機関につないだ経験がなく，不安に思っていたので，それについてもどのようなところであるかを伝え，SCが学校と医療機関をつなぐことも約束しました。

　同時に，保護者の学校不信は，今まで，子どもが問題行動を起こすと，学校から呼び出されたり，電話がかかってきたりすることが頻繁にあり，保護者が傷ついていたことに端を発しているとわかりました。そこで担任に，この子のよいところ，優れたところを聞いてみました。担任はちょっと戸惑いましたが，「けっこう気が利いて，他の子の世話をするようなところがあります」と言います。SCは具体的なエピソードを聞きました。すると「掃除のときに，ちりとりがないのに気づいて，取りに行ったり……」と担任。「それはすごいですね。むしろこの年齢だと女子はよく気づくけど，男子は言われたことだけしてるって多くないですか。それなのに，この子は自発的に考えて動けるんですね」とSC。「この年齢は女子のほうが発達が早いところがあるので」という言葉にSCが「そうすると，この子は発達に遅いところもあるけど，早いところもあるのかもしれませんね」と話を向けると，担任は「なるほど」とうなずきます。こんな会話を続けていくことで，担任が子どものよいところに気づくように促していきました。次に保護者とSCと担任の三者面談を行い，SCは担任から聞いた子どものよいところを話します。子どもをXくんとしましょう。「先生からお聞きしたんですけど，Xくんは，とてもよく気がついて，自分から動くところがあるそうですね」と。SCが口火を切ると，担任もさらに他のエピソードも話してくれ，保護者の表情がだんだん，ゆるんできました。これを何度か繰り返すと，SCが介在しなくても担任と保護者の関係が変わってきました。

　ここでのアセスメントはこうです。子どもは外部機関につなぐ必要がありそうです（もちろん，教室での様子を見たり，授業での作品を見たり，他の先生の話を聞いて情報を集める必要もあります）。保護者は今までの学校とのやりとりから学校不信になっていました。担任は比較的こわもてな男性

教師で，きめ細かなやさしい対応が苦手な人でした。しかしよく子どもを見ていて，気づきはたくさんある人です。ただそれを伝えられない，あるいは伝える必要があると思っていないところがありました。こういうときがSCの出番です。SCは地域の相談機関や医療機関にも精通しており，Xくんと保護者の性格を知った上で，連携機関を選択しました。また不安に思う担任をサポートしつつ保護者との信頼を再構築し，ともに子どもをサポートしていけるような関係になるお手伝いをしました。

　問題行動が多発する子どもの担任は，周囲の先生たちから力がない教師だと思われているんじゃないかと不安に思っている場合があります。こういう場合，子どものよいところに気づきながらも，それを他の先生たちの前で口にできなくなってしまいがちです。ですので，SCが子どものよいところ探しを一緒にすると，安心して「そうなんですよ，いい子なんですよ，実は」と言うこともあるのです。子どもも保護者も担任の先生も，「だれかに何か言われる」「非難される」という罠にかかっていたようです。そんな罠から解き放たれるようにSCは支援しました。

(3) 校内をつなぐ

　もちろん，人と人をつなぐのは，学校内でも同じです。ここで中学校のSCのAさんに登場してもらいましょう。

　この日，Aさんは空き時間があったので，保健室に行ってみると，ちょうど，担任の先生が廊下で泣いていた女子生徒を連れて保健室に来たところでした。担任は「まだ泣いている事情を聞いていないが，これから授業があるのでお願いします」と，女子生徒を保健室に置いていきました。そこにAさんが居合わせたので，「ちょうどスクールカウンセラーの先生が来ているから」と，生徒は引き渡されました。こんな流れなので，生徒はまだ泣いていながらも，困っています。今まで相談歴もないし，いきなり知らない人に「話せ」と言われても戸惑うのは当然です。Aさんは，時間をかけてゆっくりと話を聞きました。そうすると，昨夜，帰宅が遅くなり，帰宅途中に不審者に声をかけ

られ，追いかけられたことが語られました。そこは毎日の通学路であることから，帰り道が恐いと言います。親にも言えず，今朝，学校に来て友だちに話しているうちに泣いてしまい，それを担任が見て心配したという流れでした。当然，まずは再び被害にあわない状況にすることが大事ですが，ここはSCであるAさん一人ではどうにもなりません。先生方と情報を共有したいので，担任に自分で話せるかと尋ねると，生徒は担任を信頼しており，すでに何かあったことは知られているのだから「自分で言う」と言ってくれました。

　そこでAさんはあらかじめ担任には泣いていた事情を生徒本人が話すからと伝えておきました。放課後，Aさんは，担任のところに生徒が来て事情を話し，担任はその内容を管理職に伝えたという報告まで聞き，勤務時間も終わったので，帰宅しようと学校を後にしました。そこに担任から電話がきました。「親に言うことを本人が納得しません。Aさんから言ってもらえませんか」と言うのです。生徒はおびえており，危険な状態にあるにもかかわらず，それを保護者に伝えないということは安全性の確保からも困難です。早急に保護者に伝える必要がありました。Aさんはこう答えました。「あの子は先生のことを信頼しています。私は今日，会っただけです。先生は私よりあの子のことを知っているし，親御さんのことも知っているはずです。先生に説得をお願いしたい」と。この判断には，担任の先生をどうアセスメントしているかということも関わってきます。この担任の先生にはそれだけの力があるとAさんは判断していました。

　翌日，どうなったかをAさんから学校に問い合わせてみると，2時間かけて担任は説得したそうです。担任は，なぜ親に言えないのか，この親子の関係についてもある程度，把握していました。生徒の心配に相反して，お母さんは，学校から帰宅するときに迎えにきてくれることを約束してくれました。管理職は警察に，通学路に不審者が出ていることを伝え，防犯にあたってもらい，以後，このようなことはなくなりました。

　この件で，Aさんは「保護者に話すことを説得してほしい」という担任の頼みを断っています。そこには生徒が担任を信頼しているということや，担任が誠意と熱意がある人だということを知っていることがベースにあり，

同時に，この件を通して，担任と保護者と生徒の関係がよりよくなることを願っていることがあります。通常の非常勤カウンセラーが関われるのはわずかな日数です。何かがあれば，結局，教員が対応せざるをえません。それを踏まえて行動する必要があります。ここでのSCの役割は，担任を励ますことであったといえましょう。

またこの件は性犯罪に関わることでもあり，養護教諭がチームに加わるのも大事なことでした。教育委員会に伝えるのかどうか，警察に伝えるのかどうかは管理職判断になります。特にこうした性に関することは，他の教員には知らされないことも多くあります。極力，最初から学校全体の問題として扱っていくことが大事です。

Aさんは，生徒と担任をつなぎ，双方の信頼関係を深め，その結果，担任と保護者がつながり，最終的には生徒と保護者の関係も改善しています。コミュニケーションの川が流れていくのがわかります。

(4) 緊急支援の際のつながり

学校ではさまざまな事件・事故が起きます。SCの勤務時間が短いと，起きた事件や事故を教えてもらえないことがあります。学校に行き，職員室に入ってみると，なんだか雰囲気が重苦しい。だれも何も言わないけど，何かあったことは察せられる。そっと隣の机の先生に聞いてみると「え……知らないんですか」と言われ，内容は教えてもらえずに困惑することさえあります。

Bさんは，高校のSCです。日曜日にテレビのニュースを見ていると，担当校の映像が映りました。なんと，修学旅行先で生徒が事故にあったとのこと。Bさんは，どうしたらいいんだろうと，初めてのことに気が動転しました。学校に電話をしようかと思いましたが，おそらく，校長も教頭も対応に追われていて，かえって迷惑かもしれないと考え，まずは学校に行ってみることにしました。

学校に行ってみると，多くの先生たちが日曜にもかかわらず来ていて電話

をかけていました。修学旅行に行っている生徒たちの保護者のところや，まだ連絡のつかない先生たちに電話をしているのです。教頭はマスコミ対応をしていました。Ｂさんが着くと，「あ，Ｂ先生，こっちこっち」と呼ばれ，事故のあらましを教えてくれました。「これから会議するから，Ｂさんも」と言われ，緊急会議に入り，明日，生徒たちが帰ってくるので，一緒に駅で出迎えることになりました。

　「お昼は食べました？」と聞かれＢさんが「あ，まだです」と言うと，お弁当が積まれている中からひとつ渡してくれました。「ところでＢ先生，だれから連絡が行ったんですか？」と聞かれ「いえ，テレビのニュースでかけつけました」と答えたところ，先生方がびっくりした顔をしたのが印象的でした。ＳＣが学校の危機に取るものもとりあえず駆けつけてくれたと思ってくれたようでした。

　先生方はいろいろな経験をしていますが，こうした際には不安なものです。ＳＣという存在は，いるだけでよいのです。いるだけで安心感があります。

　翌日，駅側の配慮で，一般客とは別の出口から生徒たちが出てきました。事故にあった生徒と一緒にいた生徒は別室に通され，その保護者もそこで待機しました。Ｂさんは，簡単なリーフレットを作成し，自分の名前を入れ，勤務日も入れて連絡が取れるように保護者の方々にお渡ししました。

　修学旅行に引率した先生たちへのサポートのために，多くの先生たちも駅に来ていて，それぞれに懇意にしている先生たちが自宅へと連れて帰ってくれました。すでにこの学校から異動していた先生や休職中の先生たちも来ていて，それぞれがつながりの中で動いていることが感じられました。

　これ以降，Ｂさんは「あのとき，駆けつけてくれたスクールカウンセラー」と言われるようになりました。こうした事件や事故に限らず，学校の危機状況のときにそこにいるＳＣは先生たちにとって本当に心強い存在です。何か緊急事態が生じたとわかったときには，学校がどんな状態にあるのかを察し，まずは動きましょう。場の雰囲気を体で感じるのも大事なことです。

　緊急支援は，そのＳＣが所属している地域によってシステムが違います。可能な限り，チームであたることが望まれます。いろいろ不測の事態が生じ

ますし，短期に多くのことをしなくてはなりません。クラス全員の面接をしたりすることもあります。教育委員会が緊急支援のシステムを構築している場合もありますが，そのようなシステムが動いていないときには地域の職能団体（○○臨床心理士会，○○公認心理師協会等）に相談しましょう。日ごろから助言してもらえる人とつながっておくのも大事なことです。

　緊急支援は臨床の集大成ともいわれます。学校だけではなく，職能団体，地域のリソース，福祉のことや保健所のことなどをよく知った上でつないでいくことが求められます。

\3/ スクールカウンセラーとして育つということ

(1) 多領域か，教育領域か

　2023年，某大臣が「スクールカウンセラーはたまたま学校に来ていただいている心理の専門家」と発言し，学校を熟知している教員が児童生徒の相談にのることが望ましいと続けて，SC界隈ではちょっとした騒ぎになりました。多くのSCは，さまざまな職種の中からSCを選び，よりよいSCになるための研鑽を日々，積んでいます。「たまたま」と評されては面白くありません。また，ただでさえ多忙な教員の仕事をこれ以上増やすのも現実的ではありませんし，教員が熱意だけでできることでもありません。しかしその一方で，学校の教員が高校卒業のときに「教員になりたい」と将来の進路に教職を見据え，教育学部を選択するのと，心理職がSCになるのとでは，その教育課程に違いがあることも確かです。

　教員になりたい人は大学時代から教職課程を取り，教員として必要な知識を身に付け，教育実習で現場を経験し，実際に教える体験を通して指導を受けます。これに比べて臨床心理士や公認心理師は，多くの領域にまたがった資格ですから，大学，大学院では多種多様な領域の知識を身に付けます。中には教育領域についての授業は少ししかなかったり，教育現場での実習を経験していない学生もいます。臨床心理士も，公認心理師も，必須なのは医療領域なので，ほとんどの学生は医療現場での実習は受けています。教育領域

の実習をしたとしても，実際に学校でスクールカウンセリングの実習を経験するよりも何らかの教育機関等での実習をしている学生がほとんどです。なぜなら，前述したように多くの学校には心理職の実習指導ができる時間的余裕のあるスタッフはほとんどいないからです。

　将来は心理職に就こうと考え，教職も取らず，教育実習も経験していない。学習指導要領もわからず，生徒指導提要も知らないという学生が卒業してSCになるということが実際に起こりえます。

　だからといって教育領域に特化した心理職を大学が育てるべきかというと，これまた難しいところです。たとえば医師の世界では，医学部を卒業してから専門領域の医局に入ります。小児科に行きたいからといって学生時代に小児科学科に所属するわけではありません。みんな同じベースの授業を受け，訓練をします。それは小児科であっても，内科や外科の知識が必要だからです。心理職にも同じことがいえます。

　公認心理師の資格試験を実施している日本心理研修センターが行ったアンケート調査によると，公認心理師試験を受けた人たちの保有資格で一番多いのは臨床心理士ですが，二番目が教員です。つまり，2024年現在，国家資格である公認心理師を取得している人たちの多くに教員がいるということです。この方たちにニーズを聞くと，「心理検査がわかるようになりたい」という声が多く上がってきます。WISCやK-ABCといった発達や知能を知る検査です。実はこうした検査はマニュアルを読めばできなくはありません。しかし，検査は取ればそれでよいというものではないのです。まず，よいデータを取るために，検査の説明をしたり，ラポールをつけたりする必要があります。検査の扱い方や得られたデータの使い方は，倫理とも関係します。当然ですが，学習心理学や発達心理学の知識も必要です。精神医学的観点からはどうみえるかについても知っておく必要があります。前提としては，まず要支援者を情報や面接から見立て，その上でどのような心理検査が必要かを考えて複数の検査を組み合わせます。

　こうした一連の知識や作業を踏まえた上で実際の心理検査が行われます。ですので，「心理検査が取れる」ためには，それにまつわる幅広い知識と経験が必要なわけです。

第 7 章　伝える，つなぐ，対話するスクールカウンセラーになるには

　筆者自身は，病院臨床から仕事を始めたので，最初の数年は毎日，心理室に閉じこもり，心理検査をやっていました。しかし，報告書は書くものの，なんだか患者さんが見えてこないと感じていました。その後，病院を移り，そこではしばらく心理療法を中心として生活支援をやっていました。2 年ほどたったとき，「心理検査をやらせてください」と医師にお願いして心理検査を取らせてもらいました。すると，今まではよくわからなかったのに，心理検査結果と，その患者さんのありようが重なって見えてきました。心理療法や生活支援によって患者さんたちの心理構造と日々の生活の関係が深く見えてきたためではないかと考えています。心理検査と心理療法は両輪であり，心理検査だけができるということは考えにくいのです。

　というわけで，将来，SC を目指しているからといって，それだけに特化したカリキュラムにするわけにもいかないのです。

　できれば，学部ではすべての領域にまたがった学習をして，大学院では希望する分野の演習・実習時間を多くできればよいのかもしれません。『2024（令和 5）年度 学校における教育相談体制充実に係る連絡協議会』（資料未公開）では，今後，SC になる学生には学校での実習が推奨されるとし，学校への協力を求めました。学校でだれが指導するのかという問題は残されていますが，今後は学校での実習の受け入れが進む可能性はあるのかもしれません。

(2) 多職種連携につながるカリキュラムを

　では教育領域に特化するとしたら，どんなカリキュラムが必要でしょうか。まずは学校と，それをサポートする地域の諸機関を知ることです。

　臨床心理士の養成大学院ができたとき，全国の多くの教育大学に臨床心理士養成コースができました。SC を育てるために，文部科学省（当時は文部省；以下，文科省）もそれを推奨していました。ところが，途中から文科省は方針を変えました。教員の再教育のために，大学院ではなく，教職大学院を設置することにしたのです。これにより，多くの教員養成系大学から修士課程がなくなり，同時に臨床心理士養成大学院も激減しました（今でも

残っているところはあります）。これはとても残念なことでした。なぜなら，教育大学の大学院は，受け持っている子どもたちの役に立ちたいと考える熱心な先生たちと，SCになりたいと考える学部直進の若者たちがともに学ぶ場であったからです。さらに，ここには看護師やその他のメディカルスタッフや，発達支援センターの職員等々，教育にまつわる多職種も入学し，大学院でリアルな多職種連携を学ぶことができました。

　こうした機会が得られる大学は少ないでしょうが，現場のいろいろな方を招いて，実際の話を聞くことは意味があります。話を聞くだけではなく，フィールドワークができればなおよいでしょう。地域には子どもや学校を支える機関が多く存在しています。実際にその方たちがどのように活動しているかを知ること，そして願わくば，大学教員がその方たちと協働している姿を見せることが，役立ちます。医療領域なら児童精神科，福祉領域なら児童発達支援センター，児童家庭支援センター，司法領域なら家庭裁判所や鑑別所。教育領域は教育支援センター，児童相談所。産業は就労支援施設や若者支援センター。多岐にわたります。それぞれの現場がどのような仕事をしているのか，働いている心理職に話を聞き，実際に職場を見せてもらうことは学生にとってだけではなく，それぞれの職場にとっても役立ちます。

　実は，医療領域，教育領域，福祉領域など，領域ごとに関係省庁が違い，近接なのにもかかわらず，横のつながりが持ちづらいという悩みをそれぞれに抱えています。これから心理職に就いていく学生に職場を知ってもらうことは，将来の横のつながりにもなっていくので，それぞれの職場の方々は，その話に熱が入るものなのです。

　ここまでが講義と演習の部分です。最終的にはやはりSC実習が必要です。理想のパターンを示すと，大学院1年目には学校に行き，授業見学をさせてもらったり，学校行事に一緒に参加させてもらったり，可能であればSCの面接に陪席させてもらったり，SCが行う教員研修や生徒向け講演などにも参加して，学校におけるSCの動きや学校システムについて理解します。2年目はできるだけSCに近い形で実習指導担当者の指導を受けながら，面接をしていきます。学校によって特色がありますから，できれば，その学校のSCにも指導を受けられることが望ましいでしょう。グループスーパービ

ジョンを受けることで，他の学生がどのようなケースをどのように面接しているかを知ることができ，それも励みになったり，自分の特徴を知ったりするのに役立ちます。最終的に，同じ実習を受けた学生たちで，問題意識を共有し，研究発表をしたり，論文を書いたりすることもひとつの成果としてはよいのではないでしょうか。

(3) 大学を離れて

　大学を卒業したあと，どうやって研鑽を積んでいったらよいのかを知ることも大学教育での学びです。専門職においては学びは終わることなく続きます。つねに，自分の立ち位置を知り，どうなりたいかのビジョンを描き，そこに到達するために今，何をしたらよいのかを模索していきます。

　どんな学会があり，どこに入ったらよいのか。どんな職能団体があって，そこに入ることにどんな意味があるのか。そうしたことについても学んでおきましょう。臨床心理の分野では一番大きな学会である日本心理臨床学会には若手の会があり，心理職に就いてまもない人たちへのサポートがあります。資格を取得したら日本や地域の職能団体に入ると，多くの研修機会が比較的安価で得られます。

　大学時代の教員とのつながりや，先輩，後輩も大事な資源です。それと同時に，より広い世界を見ると，日本だけではなく，世界各地に師匠はいます。幸い，今はインターネットの時代なので，世界中のどのような情報も入手できます。スーパービジョンも地域差なく受けることができる時代になりました。

　日本の心理職は自分がカウンセリングを受けた経験のある人が少ないといわれています。自分自身がカウンセリングを受けようとすると「だれに受けたらいいかわからない，行っても何をどう話したらいいのかわからない，行って本当に役に立つんだろうか不安」うんぬんの，クライエントさんたちが感じるのと同じことを実感できるはずです。「ああ，みんなこんな思いをして自分の前に来てくれていたんだな」と思うことができます。人に話すことで，自分の内面に何が起きるのかを実感することは，大事な体験です。

\4/ これからのスクールカウンセラー

　最後に,「伝える,つなぐ,対話するSC」になるには,何をしたらよいのか,うまくいかないのは何が妨げになっているのかについて述べてみましょう。

(1) スクールカウンセラーの立ち位置

　ときどき,こんなことを教員から言われることがあります。「いいですね,先生は資格をもっていて。同じことを言っても,教員の言うことを保護者は聞いてくれないのに,先生の言うことなら受け入れるんですね」と。実際,こういうことはあるようです。だから心理師(士)の資格を取りたいという教員の方もいます。確かに,SCの言うアドバイスはだれにでも言えることだったり,すでに教員が言っていたことだったりします。

　しかし,聞いてもらえるのは資格のせいでしょうか。教員も心理師(士)の資格をもった途端,保護者は感心して聞いてくれるのでしょうか。

　これをお読みになっているSCの方は,学校の中で,教員とSC,どちらの立場が強いと感じますか。職業に強い弱いも,上下もないという表面的なことは置いておいて,心情的にはいかがでしょう。

　教員は常勤職として,原則的には解雇されることはありません。守られています。一方SCは(わずかに常勤職もありますが),非常勤職員であり,地域によっては校長の査定により来年度は雇用されない可能性があります。時給換算してみても,待遇からいっても,SCは教員より社会的に弱い立場だと考えている人は多いのではないでしょうか。多くの若いSCから「来年度,継続してもらえなかったらどうしよう。そんなことになったら,他のSCからもなんと思われるか」という怯えの声を何度も聞きました。SCは外部性が大事で,学校の意見に染まらないために非常勤であることが望ましいという意見がありますが,逆に非常勤であるために学校や管理職に忖度しなくてはならない実情もあります。

　それならば,先に述べた「資格があるから受け入れてもらえる」という

のはなんなのでしょう。

ミンデル（Mindell, 1995）というアメリカのセラピストがいます。彼は，ランクは人間関係に大きな影響を与えるひとつだとし，次の4つのランクを想定しました。

> 【社会的ランク】学歴や収入など，自分が属している社会通念上の上下です。学校の教員よりもSCのほうが下と感じてしまうのは，主にここによるものです。
> 【心理的ランク】自分について知っている度合い，自分の生活の満足感等によるランクです。これが高い人は安定していて，他人に振り回されず，自分の感情をコントロールできます。ただしその自覚がないと，偉そうに見えたり，人を圧倒したりしてしまうことがあります。
> 【文脈的ランク】状況や環境で変わるランクです。たとえば，通常は教師と生徒は教師が上のランクですが，ある生徒がITに精通していると，教師が生徒に聞いたりします。このときには，生徒のランクのほうが高くなります。
> 【スピリチュアルランク】自分自身よりも大きな「何か」とつながっていることからくるランクです。深い使命感や目的をもっていることによる安心感や充実感と関わります。

実は，SCは社会的ランクは低いけれど，心理的ランクは高い場合が多いのです。自分について知ることが心理職には求められます。自分がカウンセリングを受けたり，スーパーバイズを受けることで自己を客観的に見つめることを推奨されます。もちろん，心理職は人格者だということではありません。ただ心理学的知識や理論に基づいて話していると，「ああ，本当にそうなんだな」と保護者の方が思ってくれる。同じアドバイスも，SCの言葉は多くの臨床経験に裏打ちされたものなので，なんとなく信頼できるように感じる，安心感があるということなのです。SCは誠意をもって相手の立場に寄り添い，共感する訓練を受けています。そのことが，同じ言葉を言っても，違って聞こえるのです。逆に言うと，SCとして教員とも連携していけるか

どうかは，自分の心理的ランクをきちんと自覚し，うまく使えるかどうかにかかってきます。

　無自覚にしていると，「今回のSCは理屈をふりかざして偉そうにしている。現場は大変なのに」というようなことを言われてしまいます。実は自分の発言やたたずまいは，かなりの影響力がある。だからこそ，それを自覚して慎重にふるまうことが大事です。特にベテランになってくると，社会的ランクも高くなってくるので，つい断定的にものを言ってしまいがちです。これがかえって教員との間に溝をつくることになるので，気をつけましょう。

　逆に，若いうちは謙虚で自分のランクが高いなんて思えないかもしれませんし，自信もなく，うまく教員とも話ができないかもしれません。しかし若さもランクの高さのひとつなのです。間違えても許される，教えてもらえるというランクです。こちらは文脈的ランクですね。ですから，失敗するとバカにされる，わかっているふりをしようなどと考えるより，若さと未熟さを今しか使えない武器，特権と考え，なんでも教員から教えてもらうようにすると，若さを活かすことができます。そのうち消えてしまう特権なので大事にするとよいでしょう。主張と交渉をうまくやるために，自分のランクに気づいておくことは大事です。

(2) SCにとっての要支援者とは

　図7-1は不登校の子どもたちの回復に関するモデルとして示しました。回復していくためには，まず自分が一人でいるときに安定していること。次に家族といるときに落ち着いていられることが大事です。そうなって初めて，社会＝学校でも適応的になれる。ここまでは従来，不登校の回復モデルとしてしばしば示されてきたものです。それに地域と社会・世界を足しました。

　村松（2011a,b）は，個人に起きてくることが実はその地域でも同じパターンで起きていることがあると指摘します。個人対個人は対立しがちですが，それはその場にある声と考え，そこにどんな声があるかを拾い上げ，「声」対「声」を対話させることを村松は推奨します。それによって集団における葛藤を理解し，新たな視点を発見できるのです。「声」は個人だけで

第7章　伝える，つなぐ，対話するスクールカウンセラーになるには

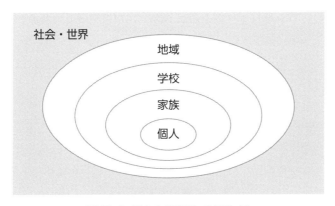

図7-1 個人と周囲との関わり

はなく，社会や世界にも存在します。社会は個人の集合体ですが，互いに影響しあっています。

　さまざまなニュースが毎日，飛び込んできます。そのことがカウンセリングで語られることがあります。それを雑談ではなく，その人の中にある「声」が社会の「声」として語られたと考えると，面接は深まりを見せます。私たちは，社会情勢や地球で起きていることと無関係に生きてはいません。かつて某銀行が破綻しました。当時，相談室を運営していた私のオフィスには，お父さんがその銀行に勤めている子どもたちが不登校になり，たくさん訪れました。その銀行破綻は地域に大きな打撃を与え，地域の人たちが不安になったことと無関係ではないでしょう。この原稿を書いている時点でウクライナへのロシアの侵攻が止まりません。輸出入にも大きな影響が出て，日本国内の経済状況は悪化してきています。こうした社会情勢を無視してはカウンセリングは成り立ちません。戦争が起きることが，世界への信頼を揺るがせているとも考えられます。それが子どもたちや学校に与えている影響については頭の片隅に入れておく必要があります。カウンセリングは多くの場合，1対1の密室で行われますが，カウンセラーも要支援者も大きな世界の一部なのです。それぞれの背後にあるものが面接にも影響します。要支援者である子どもたちだけではなく，家族，学校，地域，社会・世界も含めて，私たちのクライエントなのです。

よりよいカウンセリングのために，今，何がはやっているのか，どんなアーティストが人気があり，子どもたちがやっているゲームはどんなものなのかを知ろうとするSCは多いでしょう。それだけではなく，社会情勢や地域事情がどのように子どもたちに影響を与えているのかについても知っておく必要があります。

　「学校は最後に残された地域社会」という言葉があります。SCは，これからの社会を担う子どもたちと関わっている意識をもち，自分の仕事がよりグローバルな視点のどこに位置づいているかにも思いを馳せながら，伝え，つなぎ，対話していってほしいと願います。

引用文献

Mindell, A. (1995) *Sitting in the fire: Large group transformation using conflict and diversity.* Lao Tse Press. [松村 憲・西田 徹（訳），バランスト・グロース・コンサルティング株式会社（監訳）（2022）対立の炎にとどまる——自他のあらゆる側面と向き合い，未来を共に変えるエルダーシップ．英知出版.]

村松康太郎（2011a）僕だって"おかしな子"なんかになりたくない！諸富祥彦（編集代表），水野治久・梅川康治（編集）チャートでわかる カウンセリングテクニックで高める「教師力」5．ぎょうせい，pp.112-113．

村松康太郎（2011b）悪者探しにならないケース会議の進め方．諸富祥彦（編集代表），水野治久・梅川康治（編集）チャートでわかる カウンセリングテクニックで高める「教師力」5．ぎょうせい，pp.114-115．

長屋裕介・菅藤美穂・佐藤章江（2008）特別な教育体制を持つ高校への心理支援のための考察．学校臨床心理学研究：北海道教育大学大学院研究紀要, 6, 67-76．

岡本淳子・佐藤秀行（2019）全国調査からみたスクールカウンセリング実習の実態と成果・課題．学校メンタルヘルス, 121(1), 92-100．

第 7 章　伝える，つなぐ，対話するスクールカウンセラーになるには

コラム 8

気づきの"触媒"としてのスクールカウンセラー

村松康太郎（スクールカウンセラー／日本プロセスワークセンター センター長）

　「そんな生徒は学校になんか来なくていいんだ！」
　これは私がスクールカウンセラー（以下，SC）として初めて勤務した学校でのケース会議中に生徒指導の先生が発した言葉です。その学校には当時，2名の不登校傾向の女子生徒がいて別室登校をしていたのですが，学習にあまり取り組まず，教員とはまともに口を聞かず，一日中，二人でただおしゃべりをして過ごしていました。もちろん，新任SCである私とのカウンセリングも受けようとしません。そのような状況の中で，校長室でケース会議が持たれたのです。私は臨床心理士の資格を取得したばかりで，SCとして働き始めたところでした。「苦しんでいる生徒たちを助けたい」という思いが強かった私は，会議で別室登校の意義について主張しました。しかし，生徒指導の先生は態度の悪い彼女たちの別室利用をやめさせるべきだと主張しました。お互いの主張は徐々にヒートアップし，先生の主張があまりにも不登校に対しての理解と共感がないと感じた私は「では，彼女たちの居場所はどこにあるのですか?!」と思わず語気を強めてしまったのです。それを聞いた生徒指導の先生は顔を真っ赤にしてテーブルを叩き，冒頭のセリフを残して部屋を出ていってしまわれたのでした。
　そのまま会議は解散してしまい，私は心臓がバクバクいっているのを感じながら校長室を出ました。生徒指導の先生の姿を探すと，職員室の外の喫煙所（当時はまだ学校内にこのような場所があったのです！）のベンチにひとりで腰掛け，イライラとした様子でタバコを吸っておられました。私は意を決してコーヒーを2つ作り，それを両手に持って喫煙所へと向かいました。恐る恐る「先ほどはすみませんでした」と声をかけると，先生は一瞬，驚かれたようでしたがすぐに大きくため息を吐かれ，「まあ，座ってください」と言われました。そして，教員たちがこれまでどれほど彼女たちの力になろうと努力してきたか，それらがまともに受け取られず，保護者も協力的でなく，教員として何もしてあげられないまま，ただ彼女たちが毎日ふざけて中学校生活を送っているのを見続けるのがどれほど歯がゆいか，と先生ご自身の想いを話してくださったのです。私

スクールカウンセラーのとっておきのコツ

は先生たちのこれまでの努力や想いを何も知らないまま，まるで正義の味方か何かのように発言してしまったことを恥ずかしく感じました。なんとか力になりたいと思いましたが，新米SCにできることが何も思いつかず，自分の無力を痛感しました。すると，先生が話をこう続けられたのです。「とはいえ，先生の言われるとおり，別室登校を禁止しても彼女たちは居場所を失うだけです。いいでしょう。別室登校は認めましょう」。さらに，「ただし，彼女たちにちゃんとSCとの面接を受けさせること。それが条件です」とおっしゃったのです。こうして，結果的に彼女たちとのカウンセリングがスタートしました。彼女たちと別々に話をしていく中で，それぞれの葛藤に向き合い，それぞれに目指している将来が違うことが徐々に明らかになっていきました。結果的に二人は別々の進路を選択し，晴々とした表情で卒業していったのでした。

このエピソードは私にとって，この仕事をしていくときの大切な「幹／信念」のひとつを生み出しました。私はカウンセリングの目的のひとつは「"関わり"を通して気づきを得，問題や人生に対して新しい態度で臨めるようになる」ことだと考えています。傾聴や共感も，そして交渉や心理教育も，そのための手段だと思うのです。相談にやってこられる子どもたちや保護者の方たちはもちろん，教員の方たちにもそのような態度で接したいと考えています。そしてそれこそが私たちが心理士として最も訓練されてきたことだと思うのです。

上の事例では，それまですべてのことが曖昧で，誰もしっかりとぶつかり合わないでいたために，大切なことが何ひとつ進まないまま時間だけが過ぎていました。私と生徒指導の先生とのぶつかり合いは，それまでの馴れ合いの関係を壊し，伝えるべきことを伝え，向き合うべきことに向き合うきっかけを生徒たちに，そして教員やカウンセラーにも与えたのかもしれません。「お互いに気づきを与え合い，深め，関わるすべての人たちがその人らしく生きていくための"触媒"として存在していたい」——最近私はそんな想いで学校という場にいさせてもらっています。

第8章 毎日いると大変？
常勤スクールカウンセラーをめぐる課題と可能性

松岡靖子・阪口裕樹

\1/ 常勤スクールカウンセラーとは

　近年，スクールカウンセラー（以下，SC）に関連した大きなトピックのひとつとなっているのが「常勤化」です。文部科学省は「チームとしての学校」の実現を目指すにあたり，具体的な改善方策のひとつとして，SCについて「国は，将来的には学校教育法等において正規の職員として規定するとともに，公立義務教育諸学校の学級編制及び教職員定数の標準に関する法律において教職員定数として算定し，国庫負担の対象とすることを検討する」と提案しました（文部科学省, 2015）。これにより今後SCの雇用形態が現在の非常勤中心から正規職員（常勤職員）に変わる可能性が示唆されました。

　もともと心理職に非常勤が多いことは課題となっており，常勤化は待遇の改善になるとも考えられます。しかし実際には，現在SCとして勤務している心理職が全面的に常勤化を歓迎しているかというと，そうともいえない現状があります。日本臨床心理士会（2023）が現役のSCを対象に行った調査によると，SCが週5日勤務の常勤になった場合に勤務を希望するかという質問に対し，「強く希望する」と回答したのは19.5％，「希望する」と回答したのは33.6％であり，あわせて約半数です。希望しない理由としては，「他の勤務と兼務しているため」「さまざまな仕事をしたいから」といった勤務上の問題に加えて，「外部性の担保」が挙げられていました。具体的には「外部性，中立性がどのくらい保てるかが気になります」「外部性がなくなってしまうと思うので」といった意見がありました。このように，常勤となることでSCの機能が失われるという懸念があります。つまり，「常勤になることで，SC活動はかえって大変になるのでは？」と考えられている

ようです。

　実際はどうなのでしょうか。これまで確かに常勤SCには外部性・中立性の確保の困難さがあるといわれてきました。坂崎（2018）は常勤SCが他の教職員と変わらない勤務形態で一人の学校職員として日常をともに過ごすことは「外からくる専門家としての機能が失われやすいという問題」につながることを指摘しました。また，日本臨床心理士会（2022）も常勤SCの課題として，「毎日勤務する学校に常駐していると，教職員との同僚性が高まり，関係性維持のために専門性が発揮しにくくなったり，教職員集団の思考に大きく影響されたりすることも少なくない」ということを挙げています。芝（2018）も常勤SCに生じやすい弱点として「外部性・中立性の担保が難しく葛藤状況に巻き込まれやすい」ということがあると述べています。

　しかし，その一方でメリットも挙げられています。メリットとしてはまず，活動範囲の広がりがあります。常勤SCは活動できる時間数が増加することと，雇用形態の変化により，活動範囲が広がると考えられています。青木ら（2020）は常勤SCについて「時間の余裕が生まれるので，短期的，長期的な計画をたてやすくなる」としており，具体的な内容としては，個別カウンセリングだけでなく，コンサルテーション会議を持ったり，児童生徒の特別な教育支援を計画的に進めたりしていくことも可能だろうと述べています。なごや子ども応援委員会の調査（水谷・高原，2018）でも，非常勤と常勤の活動範囲には違いが生じてきており，非常勤ではほぼ行われていない校外学習への参加などが常勤となったことによって行われるようになっていました。

　さらに，このような活動範囲の広がりは予防的対応の充実にもつながると考えられています。日本臨床心理士会（2022）の報告書においても常勤SCの成果として，問題を未然に防いだり，問題の早期発見・早期対応を行うことで問題が重篤になることを防いでおり，こういった予防的対応が常勤の強みであるとしています。青木ら（2020）も，「これまで非常勤SCが主に学校の適応に問題を抱えた児童生徒を対象にすることが多かったのに対し，常勤SCはすべての児童生徒の心の健康の保持増進にかかわる教育支援活動を計画立案することができるだろう」と述べています。

そして，学校側から常勤SCに期待されているのは即時性・即応性です。「相談したいときにSCが学校にいない」という問題はSCが配置された当初から挙がっていました。芝（2018）は，常勤SCの利点に「タイムリーでスムーズな教師たちとの情報共有や実践協力，関係調整」を挙げています。

　このように，常勤SCの活動には有効性とともに課題があることがわかってきています。この課題を克服し，有効に活動するために，SCの主張力・交渉力がどう必要となるのでしょうか。この章では全国に先駆けて常勤SCを公立学校に導入している名古屋市の実践と私学で常勤勤務しているSCの実践から，今後全国に広がることが期待されている常勤SCに求められる主張と交渉についてお話ししていきます。

（松岡靖子）

\2/ 公立の常勤スクールカウンセラー
──名古屋市のなごや子ども応援委員会

　名古屋市では，常勤SCを配置していますが，単独配置という形態ではなく，専門職のチームで子どもたちの支援を行っています。ここからは名古屋市の主任総合援助職である筆者が，名古屋市の常勤SCの働き方がイメージしやすいように，まず本市の支援体制を述べてから，常勤SCに必要な主張と交渉のスキルについて述べていきたいと思います。

(1) なごや子ども応援委員会の支援体制について

❶設立の経緯
　2014年に名古屋市においてSCをはじめとした常勤の援助職で構成された「なごや子ども応援委員会」が設立されました。この背景には設立前年度に起きた自死事案があります。市長が二度と同じことが起こらないようにしたいと，アメリカ（ロサンゼルス）の支援体制を視察・調査し，2014年4月にSC・スクールソーシャルワーカー（以下，SSW）・スクールアドバイザー（以下，SA）・スクールポリス（以下，SP）の4職種によるチー

ムでの支援体制を立ち上げました。当初はSCとSSW，SAは常勤職員でしたが，2020年度よりSAの業務内容を整理し，スクールセクレタリー（以下，SS）と名称変更し，SSとSPについては会計年度任用職員となっています。SCとSSWは設立当初より常勤職員であり，現在も同様です。名古屋市は16行政区で構成されていますが，人口規模が小さく学校数が少ない区もあるため，設立当初は11のブロックに分け，「設置校」（現「事務局校」）と呼ぶ拠点となる11の市立中学校に4職種を配置するところから始まりました。2021年度より，市立高校と市立特別支援学校を加え，さらに2023年度からは，名古屋市16行政区すべてにブロックを置き，合わせて計17ブロック体制で支援活動を行っています。

❷小学校・中学校の支援体制

ここからは，16ブロックの小学校・中学校の支援体制に限定してその活動を説明します。設立初年度は，上述のように拠点の11校のみの配置でしたが，翌年から常勤SCとSSWを徐々に増やし，設立6年目の2019年度には市立中学校すべて（110校）に常勤SCを配置し，市内中学校には月曜日から金曜日まで終日同じSCが常駐するという形となっています。また，ブロックの学校数に応じて，常勤SSWが1～2名の配置体制となっています。

なごや子ども応援委員会は，配置された中学校のみならず，小学校への対応も行っています。小中の途切れない支援を目標に掲げているため，常駐している中学校のみならず，その中学校にいずれ入学してくる中学校区の小学校の相談対応にも応じています。ただ，各小学校には，年間280時間の非常勤SCが配置されているため，中学校の常勤SCが小学校の対応をすべて担うのではなく，主に勤務曜日時間の関係により小学校非常勤SCが対応できないケースや緊急対応が必要なケース，SSWやSPといった他職種連携や児童相談所・区役所等関係機関連携が必要かつ複雑なケース等を担っています。小学校においては，常勤SCと非常勤SCの連携を強化し，チームSCとして児童の支援体制を組んでいます。

加えて，なごや子ども応援委員会の特徴のひとつに，子ども応援委員会職

員は学校に勤務しながらも学校とは別組織となっていることが挙げられ，筆者らの上司は学校長ではなく「子ども応援課長」（令和5［2023］年度まで「子ども応援室長」）となっています。設立当初より，子ども応援委員会のSC等の常勤専門職が学校に適切に専門性を伝えられるようにと学校とは別組織として設立されたと同時に，指導主事という役職も与えられています。それは10年を迎えた今現在も変わっていません。

❸チーム支援

　ここまでにも述べているように，子ども応援委員会の主軸は，専門職によるチーム支援です。常勤SCが市内全中学校配置であっても，常勤SCの単独の活動ではなく，ブロック拠点の事務局に配置されているSSWやSPとの他職種連携や，ブロック内の他の学校に配置されている常勤SCとの連携を行いながら，チーム支援を主軸としています。週に1回半日程度，ブロックの拠点である事務局校にブロック全職員が集まり，なごや子ども応援委員会職員のみで会議を開催しています。この会議をチーム会議と名づけています。さらに2020年度からは，現場でSCないしSSWを経験した専門職出身の中間管理職である主任総合援助職（以下，主任）が市教育委員会事務局（以下，子ども応援課）に配置され，筆者は現在この職を担っています。

　現在，主任は2つ程度のブロックを担当し，担当ブロックの運営・統括や，職員の育成，緊急事案発生時の現場での指揮，重大案件の早期対応という役割を命じられており，担当ブロックのチーム会議にも毎回出席し，チーム会議の運営も担っています。チーム会議では，主任より子ども応援課からの指示や報告，依頼等を伝達し，現場職員と事務局をつなぐ役割を担ったり，各学校で常勤SC等が抱える案件についての報告や検討から，支援方針の決定を行ったりしています。また，教員研修や子ども・保護者への予防活動を共有したり，研修内容や予防活動の内容を検討・作成したりしています。

❹いじめや緊急対応

　いじめや緊急対応等の重篤な案件の際は，校内において教員とSCのチーム対応を行うとともに，専門職も複数でチームを結成し，学校とともにチー

ムを組んで対応しています。いじめや自死等の重篤な案件が発生すれば，常駐しているSCのみならず担当主任やSSWなど他の職員とともに学校に入り，学校とともにチームで児童生徒や学校への支援を行っています。

　その上で，たとえばいじめ事案の場合，被害児童生徒と加害児童生徒の両方の心理的ケアが必要なときは，ブロック内の近隣校SCにも依頼し，一人のSCだけでなく，チームで役割分担し支援を行う体制を取っています。つまり，常勤SC同士のチームSCという体制でもあるわけです。親子面接に際しては親子ともに配置のSCが対応することもあれば，親子並行面接をしたほうがよいと判断した場合は，その学校のSCのみならず近隣校のSCとともに役割分担し，支援を行ってもいます。なごや子ども応援委員会には，SCのみならず，SSWやSPという他職種も配置しているため，必要時にはSC・SSW・SPといった他職種複数で支援を行う体制もつくっています。ケース対応に限らず，教員研修や心理教育等の予防的授業を実施する際も，その学校の常勤SC一人で実施する場合もあれば，ブロック内のSCやSSW，SPとともに実施する場合もあり，こちらもチームで支援を行っています。この体制は常勤に限らず，小学校においても，常勤SCが小学校に出向き，小学校配置の非常勤SCと常勤SCともコラボレーションしながら支援を行うことが多々あります。

　以上のようなチーム支援が即座に実施できるように，チーム会議にてブロック内の常勤SC等が各学校での対応ケースの報告を行い，緊急性が高いケースについては即座に対応を検討し，学校現場に主任含め複数で支援に入っています。また，重篤な案件の場合，チーム会議を待たずとも，即座に主任や事務局へ連絡報告を行う体制も常時，取っています。もちろん，学校にもこのシステムの理解を図るため，年度当初に子ども応援課より学校長へ説明をしたり，年2回程度，担当ブロックの主任が常勤SC配置の学校に訪問したりしています。また，なごや子ども応援委員会の職員の育成という面でも，主任が常勤SC配置の学校へ訪問した際，管理職よりSC等職員の活動の様子を聞き，その後，職員と面談しながら，改善点等を伝えるなどしています。

❺研修体制

　専門職としての力量向上を図るため，SCの研修も実施しています。研修については，ブロックで研修を行うこともありますが，子ども応援課主催で専門的な研修を開催したり，ブロックを超えて職種同士で研鑽を積んだりする機会もつくったりしています。また，チーム会議で得た情報や知識を各常勤SCが配置の学校に持ち帰ることで，一人職場であるSCの資質向上を図っています。

(2) 配置中学校での常駐的な活動内容

　上記のようにチーム支援体制を主軸としながらも，配置されている各中学校では常勤SCが中心となって活動を行っているため，以下に常勤SCの具体的な活動について記載します。

　なごや子ども応援委員会の常勤SCの活動は，大きく以下の3つに分かれます。

❶1次予防

　1つ目は，Caplan（1964）の提唱する1次予防であり，問題が起きるのを未然に防ぐということを目的に，学校に在籍するすべての子どもたちを対象とした活動です。具体的には，自殺予防教育やストレスマネジメントなどの心理教育を教員と協働して行ったり，教員研修を行ったりしています。また，在籍児童生徒全員とSCが面談をする全員面談を実施し，SCがどういう人物なのか知ってもらい，いざというときに円滑に相談へつなげる体制をとっています。2021年度は市教育委員会より，小学4年生と中学1年生を対象に全員面談を実施するように各小中学校に指示されています。学校規模によっては，小学4年生と中学1年生に限らず全校生徒を対象に全員面談を実施している学校もあります。加えて，登下校時にSCが子どもたちの前に姿を現し，子どもたちに挨拶や声かけをすることで，常日頃より相談しやすい環境をつくり，いざというときに相談できるという安心感を子どもたちに伝えています。

❷ 2次予防

2つ目は2次予防であり、問題を早期に発見し、早期に対応するという活動です。先述の全員面談時に、心配なことが語られたり、不安な様子が見られたりすることも少なくなく、早期に子どもの状況や心理状態をアセスメントし、教員と協働して子どもへの対応を実施しています。全員面談だけでなく、登下校の見守り時も、常駐していることで毎日の変化が顕著にわかります。子どもの変化を感じた時点で、直接子どもにアプローチをしたり、教員へ子どもの対応を依頼したりすることで、早期の対応が可能となっています。さらに、名古屋市ではタブレットを活用して学校生活アンケートという子どもの自己評価によるWEBQU（河村, 2021）を実施しているため、その結果をSC等がすぐさま確認し、不登校やいじめの発生を予測し、早期に対応することで不登校になることを防いだり、いじめへの早期対応をしたりしています。そして、常勤であるため、子どもの対応について共有検討する校内会議にも毎回出席し、早期に子どもの情報を共有し、子どもの状態等をアセスメントした上で、教員の対応についてコンサルテーションをしています。つまり、これらの活動を通して、子どもたちの問題が重篤化することを防いでいます。

❸ 3次予防

3つ目は、3次予防です。すでに問題を抱えた子どもたちへの個別の相談対応であり、子どもや保護者と面談し、子どもに生じている問題の背景を探り、アセスメントした上で支援を行ったり、校内ケース会議を開き支援方針を検討したり、校内にとどまらず、関係機関とのケース会議にて対応方針を決めたりと、チームで支援を行っています。

(3) 常勤SCに必要な主張と交渉に向けて

これまで述べてきたことを踏まえて、なごや子ども応援委員会での経験をもとに、常勤SCに必要な主張と交渉に向けて考えたいと思います。

❶問題の未然予防と早期発見・早期対応のための主張と交渉

　なごや子ども応援委員会は，不登校やいじめ等問題が起きたあと重篤化しないように，個別支援といった3次予防ももちろん行っていますが，上述の1次予防ないし2次予防に含まれる，すなわち問題を未然に防いだり，問題の早期発見・早期対応を行ったりすることにも力点を置いて活動しています。これが常勤SCの強みであり，時間的制約のある非常勤SCと比べ，格段に多くの予防的取り組みの業務を担えます。改訂された生徒指導提要（文部科学省，2022）においても，予防的な取り組みの重要性が記載されています。

　とはいえ，予防的取り組みの必要性を学校が理解していない場合も少なくありません。常勤SCのメリットを個別の面接等の相談対応の件数が増えることとのみ認識している学校もあります。そのような学校では，予防的取り組みをする必要性や意味，目的等を学校側へ伝え理解をしてもらうところから始まります。そのときに，本書のテーマであるSCの交渉的スキルが必要といえます。交渉的スキルのベースとなるものは，SCの業務の主軸であるアセスメント（見立て）とコンサルテーションです。心理アセスメントは「臨床心理学的援助を必要とする事例（個人または事態）について，その人格や状況および規定因に関する情報を系統的に収集，分析し，その結果を総合して事例への介入方針を決定するための作業仮説を生成する過程」と下山（2008）により定義されています（村瀬，2023）。また，文部科学省令和4年度いじめ対策・不登校支援等推進事業「スクールカウンセラー及びスクールソーシャルワーカーの常勤化に向けた調査研究」報告書（日本臨床心理士会，2023）の中では，「アセスメントとは，個別ケースにとどまらず，学級や学校コミュニティ全体を含めて行われる必要がある」と記載されています。一方，コンサルテーションとは，「専門性の異なる2人の専門家の間の相互作用の1つの過程であり，コンサルタントは専門家であり，コンサルティの抱えている仕事上の困難に対して，より効果的に解決できるように援助する関係」とキャプラン（Caplan, G）により定義されています（山本，1978）。特に石隈（1999）は，相互コンサルテーションとして，「異なった専門性や役割を持つ者同士が，各々の専門性や役割に基づき，子ども

の状況について検討し，今後の援助方針について話し合う作戦会議のことである」と定義づけています（田村・石隈，2003）。SC活動をするにあたっては，このアセスメントとコンサルテーションは特に重要といえ，主張と交渉のスキルを発揮する上で不可欠と考えます。

❷自殺予防教育の授業実施のための主張と交渉

予防的活動として，自殺予防教育の授業実施を例に考えてみたいと思います。勤務校で自殺予防教育の授業が必要であると提案するときに，ただやりたいと主張するだけでは専門家とはいえません。学年や学校全体の状況，地域の状況，社会の状況など，アセスメントなしには学校側に主張も交渉もできないと考えます。先述したように，個別の事象だけでなく，学校コミュニティ全体をアセスメントした上で，必要性を主張していかなければいけません。そして，授業の必要性を「誰に」「いつ」「どのタイミングで」提案するかも考慮する必要があるといえます。学校のキーパーソンは誰か，授業の時間割を構成しているのは誰か，学校の年間予定を組んでいるのは誰か，いつのタイミングで提案するとよいか，といったように，校内の教員間の関係性や校内での各教員の役割等も考慮していく必要があります。それが介入のために必要なアセスメントといえます。

十分にアセスメントした上で，次は介入です。介入とは，キーとなる教員（キーパーソン）と実際に交渉していくプロセスです。介入の際には，コンサルテーションの考え方が役に立つのではないでしょうか。先述のように，コンサルテーションは「専門家同士の相互作用」であり，「話し合うプロセス」です。SCが一方的に主張し，それが主張どおり実施できたとしても，継続的かつ学校全体に予防の意識が浸透せず，本当の意味で予防の効果にはつながらないのではないかと考えます。SCから専門的な意見を伝えながらも，教員という専門家はどのように考えるのか，どのように捉えるかということを聴き，SCと教員の相互作用の中で授業実施に向けて進めていくことで，キーパーソンである教員も主体的に考え，その教員から主体的に学校全体に働きかけ，子どもたちにとってより効果的な予防活動につながるのではないかと考えます。もちろん交渉する際，言葉だけでなく，書面にまとめて

視覚的に訴えることで，教員へSCの専門性が伝わりやすくなり，言語だけでない主張・交渉のスキルも必要といえます。

❸**主張と交渉を支えるチーム支援**
　このようなプロセスを"一人職場"のSCがすべて一人でこなしていくことは大変難しい場合もあります。本市の支援体制はチーム支援を主軸としているため，近隣校のSCから情報を得たり，他のSCが作成した学校への提案文書を参考にしたりすることもできます。他の学校でもやっていると言うだけでも，「それならやってみよう」と理解を示す学校もあります。今後，全国的にSCの常勤化が進むのであれば，近隣のSC同士で助け合う体制も必要です。ここで重要なのは一方的な提案・主張を行うことではなく，専門家である教員の話も聴き，双方的に決定し，授業内容を話し合いながら創り上げていくことだといえます。これにはカウンセリングの中でクライエントと対話するスキルも役立つとも考えます。加えて，専門家には自分の領域以外の専門家の話も聴いて，柔軟に修正をかけていくというスキルも必要といえます。

❹**個別のケース対応における主張と交渉**
　個別のケース対応においても同様であるといえます。学校現場では不登校・いじめ・自傷行為・虐待等，多岐にわたってさまざまな課題があります。学校現場で働くSCは一人で対応するのではなく，教員とチームになって子どもを支援していきます。ケース対応においても，SCという専門家の一方的な意見だけでは，教員の本当の意味でのその子どもの理解にはつながりません。教員も「SCが言うならやるしかないか」といったようにやらされ感で子どもに対応すれば，それが直接子どもにも伝わるということもあり，子どもが教員へネガティブな思いを抱くことにもつながりかねず，子どもにとって逆効果になることもあります。
　それを避けるためにも，心理の専門家であるSCと教育の専門家の教員とが話し合いながら，子どもの支援方針を決定できるように，SCの主張・交渉スキルを発揮しなくてはならないと考えます。つまり，SCという専門家

の見立てを伝えながら,教員の理解や捉えを聴き,教員としてどのように対応できそうかと,教員の考えを引き出すスキルが必要となります。このように,SCと教員とが話し合いながら子どもの支援方針を決定し,SCと教員のどちらかが対応するのではなく,両者の役割分担をした上で協働することが,学校で働くSCには求められていると考えます。それが本書のテーマであるSCに必要な主張と交渉のスキルにつながるのではないでしょうか。

❺コンサルテーションにおける主張と交渉

　これまでも述べてきたように,コンサルテーションはコンサルタントとコンサルティの相互作用であり,話し合いのプロセスであるため,教員だけの意見を聴くだけのものでも,SCの意見を押しつけるだけのものでもないといえます。特に,常勤SCの強みは,能動的に子どもと関わる中で,SC自ら心配な子どもを見つけ,直接子どもにアプローチできるということです。SCが教員からの相談に対応することや教員から心配な子どもをつないでもらうことはもちろんですが,教員がまだ気づいていない心配な子どもを見つけ,直接子どもへアプローチしたり,教員と支援方針について検討したりと,SC主導で支援を展開することが格段に多いといえます。教員が心配していたり,対応に苦慮していたりというケースであれば,教員の理解は早いことが多いですが,まだ教員が気づいていないケースであると,より専門性を教員にわかりやすく伝え,教員の理解を促し,支援方針を共有していく必要があります。その際には,SCの主張と交渉のスキルが必要不可欠といえます。このときにおいても,これまで話をしてきたように,アセスメントをもとに,なぜその子どもの支援が必要なのかということを丁寧に,かつ専門用語ではなくわかりやすい言葉を使いながら,SCの専門性として伝える(主張する)ことが求められます。その上で,教員の考えも聴きながら教員とSCとが作戦会議を行い,具体的に支援方針を決定していく必要があるといえます。そうはいっても,一度の話し合いでは教員にうまく伝わらないことも多々あり,SCの中には日々葛藤が生じることもあります。どのような主張と交渉がよいのか,誰に主張と交渉をするほうがよいのかなど,今一度,ケースだけでなく,学校全体のアセスメントを修正しながら,校内での主張と交渉を

していくことになります。子どものために，学校での心理の専門職としてこの主張と交渉の繰り返しが必要になります。

❻常勤SCの専門性を支える組織体制

　文部科学省が掲げるチーム学校において，教員と専門職それぞれが専門性を活かして協働連携するためには，第三者性や客観性が必要といえます。しかし，常勤で毎日その学校に勤務していると，教員との同僚性が高まり，関係性維持のために専門性が発揮しにくくなったり，教員集団の思考に大きく影響されたりすることも少なくありません。毎日接する教員との関係性を重視しようとすると専門的な意見が言いづらくなったり，でも専門職として言わなければいけないというジレンマが生じたり，そもそも毎日いるとその学校文化が大きく影響していることに気づかないこともあります。本市では，チーム支援を主軸とし，毎週チーム会議で勤務している自校の対応ケースや状況を報告することで，客観性の担保につながっています。ときには関係性上，自分では直接言いにくいことがあれば，チームの他の職員や担当主任を通して学校に伝達してもらうなど，専門性を伝える補助的役割を担うこともあります。このような体制が，常勤SCの第三者性や専門性の担保になるのではないかと考えます。必要時には複数のSCや他職種で対応する仕組みになっており，格段に対応可能な幅が広がっています。直接チームメンバーが動くというだけでなく，その学校でのSCの葛藤や苦労等を即時にSC同士で共有したり，別のSCからのヒントをもらったりすることでも，SCのモチベーションを高め，再度，主張と交渉に臨もうという意欲にもつながります。

　最後に，再度述べますが，常勤SCとして校内で必要時に専門性を発揮するには，常勤SC単独での活動ではなく，近隣SCあるいは他職種でチームを組んで支援にあたるなど，専門職のチーム支援が必要となるのではないかと考えます。そのような形で，全国的にSCの常勤化が進んでいくことを願います。

（阪口裕樹）

\3/ 私学の常勤スクールカウンセラー

　私学の常勤SCの活動は、公立よりも早くスタートしています。どの学校がはじめて常勤でSCを雇用したのかははっきりしませんが、芝（2018）が中高一貫の私立学校で1999年より常勤SCとして行ってきた実践を報告していますから、20年以上前から一部の私学では常勤SCが活動していたということがわかります。私学常勤SCの活動を実際にイメージしていただくにあたっては、第1章の実際の活動の紹介を参照していただければと思いますが、私学常勤SCには前節で紹介された名古屋市のような公立の組織的な取り組みとはまた違った、私学ならではの特徴があります。この節では筆者がこれまで行ってきた私学常勤SCについての研究（松岡, 2022, 2023）から、私学常勤SCの活動とその活動の中での主張と交渉についてお伝えしていきます。

(1) 私学常勤SCの特徴

　まず、私学は学校ごとにSCの配置経緯があるのが特徴です。鈴木ら（2006）が行った私学の調査でも、SCが要請されるようになった理由はさまざまであり、文部科学省の導入による公立学校のSC配置とはこの点で大きく異なるといわれています。つまり、学校ごとにSCを配置した明確なきっかけがある場合はその需要を供給する支援活動が求められ、明確でない場合はSC自身が求められる支援を察知して学校に積極的に関わることが求められます。これは常勤SCの場合でも同じことがいえます。

　また、私学のもうひとつの特徴として、公立との雇用形態の違いがあります。私学は学校ごとの直接雇用であるため、学校を管理する機関（教育委員会など）がSCの役割を規定することがなく、他の学校と足並みを揃える必要もないため、学校ごとにSCの役割が形づくられていくところがあります。そのため新たな取り組みの提案についてはむしろ私学のほうがやりやすい場合もあり、学校によって特徴のある取り組みがなされています。たとえば、常勤SCが教員と組んで前期6回、後期6回といった形で心理教育の

授業を行うといった取り組みが行われていたり，発達に課題のある子どもが多く入学する私学では，入学前に常勤SCが保護者と面接を行い，支援計画を立てるといった取り組みが行われていたりします。

その一方でこの直接雇用は，学校側にも常勤SC側にも，常勤SCが学校の「一職員」であるという意識を強くします。また，常勤SCの場合は任期の定めのない雇用形態の場合も多く，さらに私学は多くの場合，異動がないため，学校と常勤SCの両者が望めば長期的に同じ場所で勤務することが見込めます。そのため1年後，2年後を見越した計画を立てるなど，長期的な展望を持って支援をしていくことができます。

(2) 私学常勤SCの課題

こういった私学ならではの特徴は常勤SCにひとつの課題を生じさせます。それは，常勤SCが心理職としての業務以外もさまざまに任され，教員との境界が曖昧になるということがしばしば生じるということです。具体的に，複数の学校の私学常勤SCから，校外行事の引率や文化祭の受付，学校説明会の手伝いなどさまざまな「一職員」としての業務があると報告されています（松岡，2022）。これには日本における学校文化，教員観も影響していると考えられます。日本の学校では，教員も専任職員となると，非常勤講師として授業だけを担当しているときには担わないさまざまな業務を振り分けられます。橋長・荊木・森田（2010）は日本の学校組織の特徴として，「学校組織，特に小学校においては，教職員は学校内におけるすべての職務を一通りこなせることが理想とされ，管理職は若手教員に，まずさまざまな仕事を経験させ，学校内における一通りの職務を経験させようとする」と述べ，「ジェネラリストの能力観」「ジェネラリストの志向性」が強いことを指摘しています。この傾向は小学校・中学校・高等学校といった学校種によって強さの違いはあるものの，ある程度共通していると考えられます。そのような文化で生きてきた教員が，SCが非常勤ではなく常勤となったときに，SCにもさまざまな職務をこなしてもらおうと考えるのは当然のこととも言えるでしょう。特に私学の場合は先述したような雇用形態による職員としての意

識から，教員と「一職員」というくくりで同じにされがちです。

　常勤SCが学校の「一職員」であるということは間違いではないですし，こういった業務をすべて拒否する必要があるというわけではありません。しかし，それらの活動の中には問題なく常勤SCの心理職としての専門的な業務と両立できるものも，心理職としての活動と両立する上で葛藤が生じるものもあります。葛藤が生じやすい場面でのひとつの例として，学外への行事引率があります。松岡（2023）は常勤SCの学外行事引率についてグループインタビューを行い，その課題について分析しました。その結果，学外行事引率はSCにとって「まだSOSを出してはいないけれど，ちょっと気になる生徒」や「まだ友だちとトラブルは起こしていないけれどコミュニケーションが苦手な生徒」と関わる機会となり，生徒側もSCを認識する機会となることがわかりました。これは，未然防止，早期発見，早期支援・対応として有効であると考えられます。しかしその一方で，行事中は本来の心理職としての役割ではなく，引率や指導の立場を求められやすいということも語られました。屋外では生徒の安全を確保することが重要であるため，ときにはSCであっても，引率中に列を外れたり禁止されている行為を行う生徒に注意するなど，指導的な対応をすることが必要な場面に遭遇することがしばしばあるということです。もともとSCの仕事は生徒指導と決して無関係ではなく，SCが非行や問題傾向のある児童生徒やその保護者への支援を行うことは重要ですが，直接・単独でSCが指導をするということはあまり想定されていないように思います。稲垣（2011）は中学校のSCの経験から，「SCは相談とともに指導を行えなければならない」と指摘し，「ごく稀にではあるが，生徒を実際に『叱る』こともあった」としつつも「指導と相談，叱ることと受け入れること，これらは相容れない部分があるため，どちらの性質ももつことは極めて苦しいことである」と述べています。常勤SCが行事引率も担うようになると，引率人数の問題や児童生徒の行動範囲の広さから，SCがこのような役割を担わなければならない機会が増えることが予測されます。

(3) 私学常勤 SC の主張と交渉

　では，常勤SCはこのような課題にどう向きあっていけばよいのでしょうか。まず，常勤SCが心理職としての業務と両立できる業務と，両立しにくい業務，この区別は教員には難しく，SCが説明し，主張・交渉する必要があります。SCが完全に教員と同じ存在となってしまったら，異なる専門性を持つ職員として学校にいる意味が失われます。これを差別化していくためには普段の勤務の中で常勤SCがどんな専門性に基づいて行動しているのかの適切な説明と主張が必要となるのです。実際に常勤SCたちはさまざまな場面でこのようなプロセスを行ってきており，行事の引率では「こういう子と関わりたいから，こういう感じの場所に配置してもらったりとかすると嬉しいなあみたいな」といったように自分の担当について交渉したり（松岡，2022），SCとしての仕事との両立が難しい業務については「養護教諭と同じように，いつでも児童生徒の対応を優先できるようにして欲しいと繰り返し伝えることで，少しずつ理解を得て減らしていった」（松岡，2023）というように説明と主張・交渉を行っています。

　こうして説明するためには，まず常勤SC自身が自分の専門性をよく理解しておくことが必要となります。しかし毎日学校にいると，専門性とは何かについて葛藤することもあります。学校にいる時間が長く，面接以外にもさまざまな活動の広がりがあるため，その一つひとつにどのような専門性が活かされているかということが曖昧になりがちです。言語化し，共有し，相互理解するということが必要となります。そうして，その学校の中で常勤SCがどのような役割を担い，専門性をどのような形で発揮していくかということを含めて活動を方向づけていくこととなります。

　しかし，その方向づけの具体的な形はひとつではありません。たとえば相談室のあり方も多様であり，相談室の構造を守ることを重視する常勤SCの活動もあれば，相談室を使うことを重視しない常勤SCの活動もあります。そのほかにも，常勤SCが日常場面，行事の引率などにどの程度関わっていくか，予約なしの対応をどのように扱うか等の枠組みには学校ごと，常勤SCごとに違いがあります。学校の特色や常勤SCの設置経緯によって，常

勤SCの活動と一言でいっても，その活動にはいくつかのパターンが生まれるのは当然であると考えられます。私学常勤SCたちは，それぞれの学校の実態に合わせながら，その中での専門性の生き残らせ方を見つけてきたといえるでしょう。青木ら（2020）は「来るべき常勤化の時代には，運動会のテント建てもする，教職員のレクリエーションにも参加するという中で，ある種の異質性を維持し続けるしなやかさと強靭さをもつことが必要となるのではないか」としており，その異質性が外部性と同僚性との加減や，専門性と表現されるものであると述べています。私学常勤SCたちはそれぞれの学校のやり方に合わせながら，その学校で発揮する自らの専門性とは何かを問い，さらにそれを周囲に説明していくという作業を行っていました。

　今後，公立に常勤SCが広がっていったときにどの地域でもどの学校でも名古屋市のような専門職のチーム援助がなされれば理想的かもしれませんが，そうはいかない場合も多いでしょう。さまざまな条件下でどう活動していくかということを私学の常勤SCがどのように試行錯誤し，主張・交渉してきたのかということは参考になるといえます。今後さらにさまざまな事例から常勤SCがもつ内部性や，教員との同僚性を活用することによってSCとして有効に機能できる形が検討されていくことが期待されます。非常勤SCの持つ外部性も有効だと考えられますが，常勤となってそれを十分に確保することが現実に難しいのであれば，今あるリソースを活用して活動することが大切なのではないかと考えられます。

　しかし，この段階まで到達できず，無力感を抱えて退職することもあると考えられます。私学のSCの活動は，学校ごとの特殊性があることや，所属から学校が特定されやすいことなどから，実践報告が公立学校に比べると圧倒的に少ないのが現状です。しかし，新たな常勤SCが雇用されたときに参考にできるようなモデルケースは必要であると考えられるため，今後さまざまな具体的な活動が紹介されるようになっていくことが期待されます。常勤SCが適切に主張と交渉を行っていくためにも，常勤SCを支える仕組みをつくっていくことが何よりも必要ではないかと考えます。

（松岡靖子）

\4/ まとめ──常勤スクールカウンセラーの今後に向けて

　この章では，公立と私学の常勤SCの活動を紹介しました。常勤SCの活動は非常勤SCと異なるように見えるところもありますが，基本となる部分は非常勤SCと共通していること，常勤となることでSCの機能が失われるということはないことがおわかりいただけたのではないかと思います。しかし，常勤SCには主張と交渉の力が求められる場面が多く，アセスメントとコンサルテーションをベースにした交渉と，自らの専門性の理解に基づいた主張が重要となります。そう聞くと，やはり常勤は大変……と思われるかもしれません。

　常勤SCのこのような主張と交渉の支えとなるのは「心理的安全性」ではないかと考えます。「心理的安全性」とはエドモンドソン（Edmondson, 1999）が提唱した言葉であり，「チームの中で対人関係におけるリスクをとっても大丈夫だというチームメンバーに共有される信念」と定義されています。文部科学省（2021）の中央教育審議会においても「学校管理職を含む新しい時代の教職員集団の在り方の基本的考え方」において，心理的安全性のある組織づくりが必要であると述べられています。常勤となって外部性が低くなっても，学校の中で適切に主張と交渉ができるためには，リスクをとっても大丈夫だと感じられることが必要だと考えられます。実際，私学常勤SCのインタビューで，主張と交渉を行うことができるのは，「言っても大丈夫」という安心感があるから，ということが語られていました。

　また，このような安心感を生じさせる要因のひとつが，雇用の安定であると考えられます。非常勤SCであっても，このような「心理的安全性」を持つことが不可能であるとはいえませんが，やはり単年度雇用であり，いつ雇用がなくなるかわからない立場で対人関係におけるリスクをとることは精神的な負担が大きいと考えられます。常勤となるとともにこういった雇用の問題が解消されることで，心理的安全性が高まる可能性があります。

　また，常勤SCは，このような学校現場の「心理的安全性」をつくっていく立場でもあります。常勤SCは組織への働きかけも重要な役割であり，こういった「心理的安全性」の重要性を理解し，その視点も含めて学校をア

セスメントし，管理職や教職員と話し合いを行うことで，このような「心理的安全性」のある組織づくりの一助となることが求められます。

つまり，常勤SCにとって学校という場の「心理的安全性」とは，安心感を持って主張と交渉ができることであり，それを保障するためには常勤SC自身がそのような場をつくる一員として動いていくことが今後望まれるのではないかと考えます。

最後に，この章では常勤SCと非常勤SCを分けて論じてきましたが，非常勤であっても年間40回前後同じ学校に勤務する場合もあれば，巡回型で1校には月に1回しか行かない場合も，1校に週3回勤務という場合もあるため，その特徴は実際には単純に非常勤と常勤，と2つに分かれるわけでもないと考えられます。また，現在も常勤SCと非常勤SCが連携して活動している学校もありますし，すべてのSCを常勤にというのはすぐには現実的ではないでしょう。常勤SCが広がることで非常勤SCの勤務がなくなるということではなく，自治体によって，学校によって，さまざまな形でSCが活動していくことを幅広く検討できることが望ましいと考えます。

（松岡靖子）

引用文献

青木真理・林 裕子・山本 岳・伊藤 充（2020）これからのスクールカウンセラー「チーム学校」構想における常勤としての働き方，活用の仕方．福島大学人間発達文化学類附属学校臨床支援センター紀要, 1, 1-8.
Caplan, G.（1964）*Principle of preventive psychiatry*. Basic Books.
Edmondson, A.（1999）Psychological safety and learning behavior in work teams. *Administrative Science Quarterly*, 44(2), 350-383.
橋長広了・荊木まき子・森田英嗣（2010）小学校における組織協働化の実践的課題と展望——管理職経験者に対するインタビュー調査を通して．大阪教育大学紀要 第IV部門 教育科学, 59(1), 241-255.
稲垣智則（2011）スクールカウンセラーからみた教育相談と生徒指導の連携．月刊生徒指導, 41(12), 27-29.
石隈利紀（1999）学校心理学——教師・スクールカウンセラー・保護者のチームによる心理教育的援助サービス．誠信書房．
河村茂雄（2021）アクティブラーニングを推進する学習集団／学級集団づくりのためのアンケートWEBQU——解説書．WEBQU教育サポート．

松岡靖子（2022）常勤職員型スクールカウンセラーの行事参加の課題――ある通学型通信制高校における実践から．川村学園女子大学研究紀要, 32, 61-75．

松岡靖子（2023）私学常勤型スクールカウンセラーの活動の実際と課題．川村学園女子大学研究紀要, 33, 33-51．

水谷章一・高原晋一（2018）名古屋市における学校援助職の常勤化．
https://www.city.nagoya.jp/kyoiku/cmsfiles/contents/0000074/74050/gakkouennzyosyokunozyoukinnka.pdf（2024年6月11日閲覧）

文部科学省（2015）チームとしての学校の在り方と今後の改善方策について（答申）．中央教育審議会．

文部科学省（2021）学校管理職を含む新しい時代の教職員集団の在り方の基本的考え方，中央教育審議会委員会「令和の日本型学校教育」を担う教師の在り方特別部会（第3回）資料．
https://www.mext.go.jp/kaigisiryo/content/20210803-mxt_kyoikujinzai 01-000017240_2.pdf（2024年6月11日閲覧）

文部科学省（2022）生徒指導提要（改訂版）
https://www.mext.go.jp/content/20230220-mxt_jidou01-000024699-201-1.pdf（2024年6月11日閲覧）

村瀬嘉代子（2023）学校が求めるスクールカウンセラー改訂版――アセスメントとコンサルテーションを中心に．遠見書房．

日本臨床心理士会（2022）スクールカウンセラー及びスクールソーシャルワーカーの常勤化に向けた調査研究．文部科学省令和3年度いじめ対策・不登校支援等推進事業報告書．

日本臨床心理士会（2023）スクールカウンセラー及びスクールソーシャルワーカーの常勤化に向けた調査研究――SC5,213名の調査結果から．文部科学省令和4年度いじめ対策・不登校支援等推進事業報告書．

坂崎崇正（2018）常勤スクールカウンセラーになって思うこと．子どもの心と学校臨床,19, 53-64．

芝 督子（2018）学校教育相談における常勤専任スクールカウンセラーの意義と役割――18年の実践をふりかえって．首都大学東京教職課程紀要, 2, 145-165．

下山晴彦（2008）臨床心理アセスメント入門――臨床心理学は，どのように問題を把握するのか．金剛出版．

鈴木康弘・中島良二・卜部裕介・田中順子・近藤なつめ・中野良吾・倉島徹・元永拓郎・近藤 卓（2006）私立中学高等学校におけるこころの支援活動の実地調査――都内6校の比較検討から．学校メンタルヘルス, 9, 15-21．

田村節子・石隈利紀（2003）教師・保護者・スクールカウンセラーによるコア援助チーム形成と展開――援助者としての保護者に焦点を当てて．教育心理学研究, 51, 328-338

山本和郎（1978）コンサルテーションの理論と実際．精神衛生研究, 25, 1-19．

第 8 章　毎日いると大変?

コラム 9

教職員との関係づくり

前澤眞澄（東京都公立学校スクールカウンセラー）

　スクールカウンセラー（以下，SC）として学校内で機能するために必要なのは，何といっても教職員との信頼関係形成のスキルだと考えます。子どもたちの問題状況には，その信頼関係を基にチームとなり，同じ方針で役割分担をして解決にあたることが最も有効だと考えているからです。そこで教職員との信頼関係を形成するために私が心がけていることをお話ししたいと思います。

　まずは積極的なコミュニケーションです。相談の予約が入っていないときは職員室に出向き，時間があるかぎり雑談を通して適度な自己開示をすることを心がけています。そうすることで私がどんな人間かを知ってもらうことができます。よく知らないSCに大切な自分のクラスの子どもたちを任せたいと思う先生はいないと思うのです。また，忙しくても，職員室にいるときには暇そうな顔をしてぶらぶらしています。そうすることでちょっとしたことでも気軽に声をかけてもらえます。飲み会にもできるだけ参加しています。特に赴任したばかりの学校では，運動会の準備や後片づけなど，SCの仕事ではなくても引き受けて先生方と一緒に行動するようにします。作業をしながらのほうが話しやすいですし，意外な一面を発見することもあります。面接でもクライエントとの信頼関係をつくってからでなければ問題の本質は語られませんし，見えてきません。教職員との関係も同じだと思うのです。相談室で面接する対象だけがクライエントなのではなく，教職員もクライエント，つまり学校全体がクライエント。そんなふうに考えると，自分のスタンスが決まるような気がしています。

　さらに教職員と連携して子どもたちの問題状況の解決にあたる場合に心がけていることをお話しします。特定の問題に対して，仮説を立て，見立て，方針を大まかに決め，教職員や保護者などと役割を分担して問題解決にあたるわけですが，その際には先生の苦手なことを私が引き受けて，得意なことを存分に活かしてもらえるように役割分担をします。そのためには，日々関わる中での観察も大切になります。それぞれの先生のよいところや得意なこと，苦手なことを見つけ，よいところや得意なことはフィードバックをして活かしてもらうようにしています。

スクールカウンセラーのとっておきのコツ

　たとえば，保護者対応が苦手な先生なら，私が保護者面談を引き受けたり面談に加わることを申し出たりします。登校を渋りだしたAさんのクラスの担任はクラス運営が上手な方でしたので，クラスの雰囲気づくりに特に力を入れてもらうことをお願いしました。

　また，学校内では誰もが相談しやすいように，特定の先生と仲良くなりすぎず中立的な立場でいることを心がけています。それは以前に失敗をした経験から学びました。ある学校で養護教諭のB先生と気が合い，私的に連絡をとるようになりました。しばらくして，その先生が異動になった後に相談に来た先生に「あのころは養護のB先生に知られたら困ると思って相談したくてもできなかったのよ」と言われ，申し訳ない気持ちでいっぱいになりました。その失敗以来，個人的な関係にはならず中立的な立場でいることにしています。

　もうひとつ，学校内でのキーパーソンを見つけると仕事がしやすいです。キーパーソンというのは，学校全体が見えていて，中立的な立場で誰とも分け隔てなくコミュニケーションをとる方です。キーパーソンは養護教諭だったり副校長だったり主事さんだったりします。特に，週に一度しか勤務しない公立学校のSCには，学校というコミュニティ全体を理解するのに助かる存在になります。学校についての情報収集や教職員同士の関係や力動を理解するのに大変役立ちます。

　SCとして学校で働きはじめたころは，どうすれば異職種の私が学校の中に溶け込めるのだろうかと迷い，孤独を感じていた時期もありましたが，今では子どもたちの問題状況解決のために先生方とともに悩み，アイデアを出し合い，喜び合える日々がSCとしての醍醐味だと感じています。

おわりに

　本書は，清水有希さんのミラクルなつながり力と，それぞれの編者の熱量によって完成に至ることができた。その熱量は，編者全員が「おわりに」執筆を希望した事実に端的に示されている。私は，ほかの編者の熱量にたじたじとしながら，押される形で伴走した。本書がもし読者のみなさまのお役に立てるとしたら，編者・執筆者自身の「つながり力」のゆえであろう！

（諸富祥彦）

　この本のはじまりは，私の指導教官でもある監修の諸富先生と，ゼミや学会でつながりができて親しくなった編者の先生方とで，日本心理臨床学会の大会にて「スクールカウンセラーの自己主張と交渉術」というテーマで自主シンポジウムの企画をしたことでした。そこから，研修会でつながりのできた金子書房さんに出版のお誘いをいただくことになりました。そして，私とつながりのある方々，諸富先生や編者の先生方とつながりのある方々に各章・コラム・帯を執筆していただき，いろいろなつながりがぎゅっと凝縮してこの作品ができあがりました（素敵なイラストやレイアウトもつながりのおかげです）。

　今後は，この作品を通してさらに多くの方たちのつながりができることでしょう。スクールカウンセラー（以下，SC）は「話を聞く」だけでなく「つながる／つなげる力」も重視される仕事です。よいつながりは連鎖します。また，誰かとつながっているという実感があるだけで，よい臨床につながります。この本に出会ってくださったすべての方によいつながりが生まれますよう，心から願っています。

（清水有希）

　私はSCとして勤務しながら大学で心理学を教えています。心理学科に入

学してくる学生たちは,「SCは困っている子どもたちの話を聞く仕事だ」というイメージをもっていることが多いです。しかし,実際にSCとして働いていたり,常勤SCの研究をしたりしていると,「話を聞く」以外の仕事がとても多いと実感します。そのギャップをどうしたら埋めることができるだろうかと日々考えていました。

そんなときに第1章を書かれている清水先生と出会い,清水先生が職場でさまざまな交渉をされてきたことを聞いて,「その力をどうやって身につけたのか」と質問しました。すると清水先生が益子先生を紹介してくださり,その後,諸富先生や佐藤先生ともご一緒させていただくこととなりました。つまり,この本は清水先生の交渉力とつなぐ力から生まれたものだと感じています。交渉力とつなぐ力,これがまさにこの本のテーマなのではないでしょうか。他職種との連携だけでなく,心理職同士もこうやってつながることで生まれくるものがあると感じています。

また,このようにこの本は,「SCはこうするべきだ」という理論先行でできたものではなく,「現場で必要とされていることを伝え,現場で困っている人にほかの人の知恵や試行錯誤を伝えていくにはどうしたらいいか?」というボトムアップから生まれたものです。現場のSCの方々の日々の実践に少しでも役に立てばと心から願っています。

(松岡靖子)

SCを長く経験している人たちは,そこに喜びとやりがいを感じ,これから世界に巣立っていく子どもたちに幸多かれという願いの下,微力ではあっても尽力したいという思いをもっています。

SCがこうした思いをもちつつ,力を発揮するためには,一人ではとうてい無理で,学校関係者や保護者,地域の力が必要です。となると,そうした人たちの力を結集できるように交渉し,調整し,相談し,協力・連携していくことになります。

言うは易く行うは難し。それにはどうしたらよいのかをコラムを含めた執筆者の方々に投げかけた結果が本書です。思いとベクトルは同じ方向でも,そこにそれぞれの個性がからみあい,多種多様な知恵が寄せられてきました。

「はじめに」と序章は，長年，教員の悩みに寄り添い，同時にSCの問題にも明るい諸富先生から始まります。全体を俯瞰していただきました。第1章では，さまざまな雇用形態で勤務した経験のある清水先生が，今はまだ珍しい常勤SCの実態を，一般的な形態である非常勤SCと比較しながらリアルに描き出しています。第2章では，子どものことを考えればこそ起こる葛藤場面で，どう交渉してどう解決していくかを益子先生が学術理論から丁寧に起こしながら実例に沿って書き進めています。第3章では多くの学校のSCを経験し，同時に多くの学校にSCを紹介してきた実績のある黒沢先生が，解決志向アプローチというオリエンテーションを使いながら協働していく方法を提示しています。第4章では水野先生が，そもそも日本の学校教育の中でSCがどう位置づけられているかを踏まえ，援助チームの一員としてSCがどう動くのかを事例を交えて説明しています。第5章では，半田先生により，SCをしているとよく遭遇する困りごとが提示され，そうした困難をどのように相談し，解決していくかが書かれています。第6章では窪田先生が学校緊急支援について取り上げます。緊急対応が必要な事態が起きたとき，急きょ担当校のSCのみならず派遣されたSCも今までになかった動きをしなくてはなりません。そういう危機場面でのSCの動き方について段階を追って説明しています。第7章は，SCが大学や大学院でどのような教育を受けて学校で働けるようになっていくのか，どんな知識と練習が必要なのかについて佐藤が論じています。最終章である第8章では，松岡先生と阪口先生により名古屋市と私学の常勤SCの例が示され，包括的にSCという職が学校内で機能的に動くようにしている実態が描かれ，これからのSCのありようが示された形になっています。

　人と人がいる限り，葛藤は必ず生まれます。ましてやSCは学校では異分子です。しかしその葛藤から逃げることなく，向き合うことで，お互いに成長し，よりよい支援へとつながります。人はそれぞれ多様な意見や立場をもち，だからこそ話し合い，お互いに高め合っていくのだという姿勢を，子どもたちにも見せていくことは，SCの仕事のひとつともいえるのではないでしょうか。

（佐藤由佳利）

SCとして働く喜びのひとつは，教師をはじめとするさまざまな仲間と連携できることにあると思っています。多職種の専門家と有機的に力を合わせられたとき，寄り集められた支援の力が，加算的ではなく相乗的になることを，何度も味わってきました。しかし，自分自身の経験を振り返ったり，事例検討会で提出される事例を見聞きしたりしてみると，連携が必ずしもうまくいくことばかりではないことに気づかされます。気がつけば，教育委員会や学校の意思のままに動くことを余儀なくされ，児童生徒に過剰適応を強いることになってしまったり（服従スタイルの失敗）。逆に，正しい心理支援を行うことに固執しすぎて，仲間であるはずの先生方に煙たがられてしまったり（支配スタイルの失敗）。こうなると，SCができる支援は，限定的なものに留まってしまいます。そのため，うまく協働するための知恵を寄り集めて，全国のSCの先生方に届けたいと，かねてから願っていました。

　そうした中で，本書の作成に参加できたのは，たいへん嬉しいことでした。ほかの編者の先生方も書かれているように，本書は，多様な専門性を有するSCの知恵を寄り集めた，御縁と連携の集大成のような書籍です。また，編集にあたっても，編者一同はそれぞれの得意分野を生かしながら，作業にあたりました。ここには，学校における多職種連携の入れ子構造を見て取ることもできましょう。まさに，書名のとおりの書籍が完成したといえます。有機的な多職種連携を目指す，全国のSCの先生方のお力に，本書がどうかなれますように。

　なお，本書の共同編者（佐藤・清水・益子・松岡）の掲載順は五十音順ですが，実際には全員が等しく編集に貢献しており，業績書等には自分の名前を最初に記載する権利を有していることを明記します。

（益子洋人）

監修者・編者紹介

監修者

諸富　祥彦（もろとみ よしひこ）　明治大学文学部教授

博士（教育学）。臨床心理士，公認心理師。著書に『学校に行けない「からだ」』『いじめの「空気」は変えられる！』（図書文化社），『学校現場で使えるカウンセリング・テクニック』［上下］（誠信書房），『教師と SC のためのカウンセリング・テクニック』［全 5 巻］（編集代表，ぎょうせい）ほか。

編者

佐藤　由佳利（さとう ゆかり）

心理相談オフィスる～しっど 代表／北海道教育大学名誉教授

修士（教育学）。臨床心理士，公認心理師。著書に『公認心理師の職責』（分担執筆，遠見書房），『関係行政論』（分担執筆，遠見書房），『不登校とその親へのカウンセリング』（分担執筆，ぎょうせい），論文に「高校のスクールカウンセリングにおけるドリームワーク」（心理臨床学研究，27[6]，683-692）ほか。

清水　有希（しみず ゆき）　横浜女学院中学校高等学校スクールカウンセラー

修士（人間学）。臨床心理士，公認心理師。

益子　洋人（ましこ ひろひと）

北海商科大学商学部准教授／男性と家族のためのこころの相談室 えん カウンセラー

博士（人間学）。臨床心理士，公認心理師，学会認定ピアメディエーター，交渉アナリスト（補）等。著書に『教師のための子どものもめごと解決テクニック』（金子書房），『あつまれ！みんなで取り組む教育相談』（共編著，明石書店）ほか。

松岡　靖子（まつおか やすこ）

川村学園女子大学文学部准教授／東京都公立学校スクールカウンセラー

博士（心理学）。臨床心理士，公認心理師。著書に『学校心理臨床実践』（分担執筆，ナカニシヤ出版），『電子メディアのある「日常」』（分担執筆，学事出版），論文に「常勤型スクールカウンセラーの活動における有効性と課題」（質的心理学研究，印刷中）ほか。

＊本書の共同編者（佐藤・清水・益子・松岡）の掲載順は五十音順ですが，実際には全員が等しく編集に貢献しており，業績書等には自分の名前を最初に記載する権利を有していることを明記します。

執筆者一覧

諸富　祥彦	監修者 … 序章	
清水　有希	編　者 … 第1章	
益子　洋人	編　者 … 第2章	
黒沢　幸子	目白大学心理学部特任教授／KIDSカウンセリング・システム　主宰　… 第3章	
水野　治久	大阪教育大学副学長／総合教育系教授 … 第4章	
半田　一郎	子育てカウンセリング・リソースポート　代表 … 第5章	
窪田　由紀	九州産業大学産学共創・研究推進本部科研費特任研究員／北九州市スクールカウンセラー … 第6章	
佐藤　由佳利	編　者 … 第7章	
松岡　靖子	編　者 … 第8章	
阪口　裕樹	名古屋市教育委員会子ども応援課主任総合援助職 … 第8章	
衛藤　真友乃	東京都公立学校スクールカウンセラー … コラム1	
松丸　未来	スクールカウンセラー／東京認知行動療法センター　心理士 … コラム2	
上土井　睦美	私立中高一貫校スクールカウンセラー … コラム3	
白厩　郁子	札幌市スクールカウンセラー／元札幌市立小学校長 … コラム4	
森田　十八	大東学園高等学校相談室担当教諭 … コラム5	
山角　亜沙美	札幌市養護教諭 … コラム6	
ぱんだ先生 （太田　滋春）	さっぽろCBT Counseling Space こころsofa 代表／株式会社ぱんだメンタル 代表取締役 … コラム7	
村松　康太郎	スクールカウンセラー／日本プロセスワークセンター　センター長 … コラム8	
前澤　眞澄	東京都公立学校スクールカウンセラー … コラム9	

（所属は2024年8月時点）

スクールカウンセラーのための
主張と交渉のスキル
多職種連携の壁を乗り越える

2024年9月30日　初版第1刷発行　　　〔検印省略〕

　　　監修者　　諸　富　祥　彦
　　　編　　者　　佐　藤　由　佳　利
　　　　　　　　清　水　有　希
　　　　　　　　益　子　洋　人
　　　　　　　　松　岡　靖　子
　　　発行者　　金　子　紀　子
　　　発行所　　株式会社　金　子　書　房
　　　　〒112-0012　東京都文京区大塚3-3-7
　　　　　　TEL　03-3941-0111(代)
　　　　　　FAX　03-3941-0163
　　　　https://www.kanekoshobo.co.jp
　　　　　　振替　00180-9-103376

本文デザイン／中田聡美
編集協力／株式会社桂樹社グループ
印刷／藤原印刷株式会社　製本／有限会社井上製本所

©Yoshihiko Morotomi et al., 2024　Printed in Japan
ISBN 978-4-7608-2696-4 C3037